हिंदी साहित्य का काव्यात्मक इतिहास

रजनी सिंह

पुस्तक भारती
Pustak Bharati
Canada

Author : रजनी सिंह, कला परा–स्नातक
दूरभाष : 09412653980, 05734—265101, 264201
Website : www.rajnishiksha.com
E-mail : rajnisingh2009@yahoo.com

Book Title : हिंदी साहित्य का काव्यात्मक इतिहास (Poetic History of Hindi Literature)

This book 'Hindi Sahitya Ka Kavyatmak Itihaas' (*Poetic History of Hindi Literature*) has been composed with an objective and inspiration to offer sufficient knowledge of Hindi literature not only to present graduate students research scholars and lovers of Hindi language in India but also to those who are pursuing education in Hindi and studying Hindi literature, in a number of reputed Universities in different countries of the World.

Published by :

Pustak Barati (Books India)
Division of PC Plus Ltd.
Toronto, Ontario, Canada, M2R 3E4
email : books.india.books@gmail.com

For :
रजनी प्रकाशन
रजनी विला, डिबाई–203393
मो : 9412653980

Copyright Canada ©2019
ISBN 978-1-897416-98-3

ISBN 978-1-897416-98-3

© All rights reserved. No part of this book may be copied, reproduced or utilised in any manner or by any means, computerised, e-mail, scanning, photocopying or by recording in any information storage and retrieval system, without the permission in writing from the author. इस पुस्तक अथवा इस पुस्तक के किसी अंश को इलैक्ट्रॉनिक, मैकेनिकल, फोटो कॉपी, रिकॉर्डिंग या अन्य सूचना संग्रह साधनों एवं माध्यमों द्वारा मुद्रित अथवा प्रकाशित करने के पूर्व लेखक की लिखित अनुमति अनिवार्य है।

लेखिका/कवयित्री की निम्न पुस्तकें रजनी प्रकाशन से उपलब्ध हैं :

1.	झोंके बयार के	(काव्य–संग्रह)
2.	मुड़ते हुए मोड़	(कहानी–संग्रह)
3.	यत्र सीता तत्र नारी	(अध्यात्म गद्य–शोध)
4.	नन्हीं जिज्ञासा	(बाल–काव्य)
5.	दृष्टिकोण	(प्रतिक्रियाएँ)
6.	प्रकृति मेरी प्रकृति	(प्रकृति–काव्य)
7.	तथ्य–कथ्य	(साखी–संग्रह)
8.	माँ तथाता	(काव्य–संग्रह)
9.	कुछ–कुछ	(काव्य–संग्रह)
10.	भूमिजा–भूमिका	(सीता–महाकाव्य)
11.	माँ तथाता	(अनुवादः तेलुगु)
12.	आओ चलो सैर करें	(यात्रा–संस्मरण)
13.	विहंगावलोकन	(कहानी–संग्रह)
14.	झिलमिल तारे	(बाल–काव्य)
15.	नारी ज्ञान शिरोमणी	(नारी गद्य–शोध)
16.	प्रकृति कृति प्रकृति	(प्रकृति–काव्य)
17.	चित्र विचित्र	(आत्मकथ्य–काव्य)
18.	पीढ़ी दर पीढ़ी	(ऐतिहासिक उपन्यास)
19.	हिंदी साहित्य का काव्यात्मक इतिहास	(हिंदी साहित्य–काव्य)
20.	वीणा–वाणी	(स्तुति–संग्रह)
21.	मेघदूत–एक भावानुवाद	(खंड–काव्य)
22.	घटनाएँ कुछ कहती हैं (स्वघटा)	(अभिव्यक्ति)
23.	गैया मैया	(काव्य)
24.	लोरी सुख	(बाल–काव्य)
25.	ललिताभ निबंध	(गद्य–निबंध)
26.	ज्ञानशिरोमणी विद्योत्तमा	(खण्ड–काव्य)
27.	शस्य श्यामला भारत माँ	(देश–गीत)
28.	धरती पर नन्हा संसार	(बाल–गीत)

समर्पण
(साहित्य–संस्कृति)

साहित्य यज्ञ समर्पित समिधा, शब्द–शब्द बूटी जड़ी ।
कूट पीस भावों की चाकी, संस्कृति पगी लड़ी ।।

स्तुति ...

ज्ञानदायिनी–विद्याप्रदायिनी, शब्द–शब्द में वास आपका ।
अक्षर बनते मोती माणिक, जड़ें–गढ़ें पुस्तक मनका ।।

कृपाकाँक्षी हम सब आतुर, मात् शारदे वर दे दे ।
वीणा मधुर संगीत सुनाकर, शीतल मन कर दे दे ।।

आस करूँ–विश्वास भरूँ, कृपा तुम्हारी पा जाउँ ।
हूँ मैं अज्ञानी–अबोध, ज्ञानकोष यदि पा जाउँ ।।

कर वंदन हिय नमन, कमलवासिनी हों प्रसन्न ।
पद्य रचूँ–इतिहास लिखूँ, सार्थक–सुगंध संपन्न ।।

जीवन–सरिता शीतल धार, तृप्त करें सारा संसार ।
चले लेखनी चढ़ पतवार, 'हिंदी साहित्य इतिहास' पार ।।

हिंदी–उत्सव खूब मनाएँ, भारतवासी समझ ये पाएँ ।
मातृभाषा हिंदी गंगा, निर्मल–जल अक्षुण्ण हर्षाएँ ।।

भाव मेरा अति सहज सरल, चरणन में माँ के तन–मन ।
विनती करूँ साष्टाँग प्रनाम, 'कृपा–दृष्टि' माँ करूँ नमन ।।

About the book

This book 'Hindi Sahitya Ka Kavyatmak Itihaas' ("Poetic History of Hindi Literature") has been composed with an objective and inspiration to offer sufficient knowledge of Hindi literature not only to present graduate students research scholars and lovers of Hindi language in India but also to those who are pursuing education in Hindi and studying Hindi literature, in a number of reputed Universities in different countries of the World.

Hindi is our mother tongue, India's own language and nation's dignity and one of the link languages of communication in India. This book makes understanding of Hindi literature simple, easy and cosine with poetic sense. A language becomes likeable in educational institutions only when it is devoid of difficulty and for fetchedness and is in its natural state; otherwise the language denote become a part of the curricular in real terms.

A simple and enjoyable presentation of any language makes it otherwise to its readers. Poetry is a medium of communication which represents very lengthy conversation in a very precise and interesting manner.

I sometimes feel surprised to note that such a diversified history of Hindi literature could be summarized in so few words in poetic form. It gives me immense pleasure to submit that the thinking of a large number of decorated and creative writers makes this book achieve the destination of a highly useful reference book.

Author
Rajni Singh
Dibai
Translated by - ***Dr. Jaya Bansal***
(Translation from Hindi Version)

अनुक्रम

उच्छ्वास के आलोक में

1. दिव्य अनूठा काम : 6
   डॉ. योगेंद्र नाथ शर्मा 'अरूण' के प्रति 7
2. काव्यात्मक कलेवर में हिंदी साहित्य का इतिहास : 8
   डॉ. कुमुद शर्मा के प्रति
3. शत-शत नमन – मामेकं शरणं 11
   धन्य पुष्प 12
   भाव भरे मन में अकुलाए 13

नमन करूँ शत बार

अभिव्यंजना 16
आचार्य प्रवर रामचंद्र शुक्ल 17

आदिकाल

प्रकरण–1: सामान्य परिचय 18
प्रतिभावान् 19
हृदय हुलास 20
चहकती हिंदी 21
प्रकरण–2: (अपभ्रंश काव्य) सामान्य परिचय 23

वीरगाथा काल

प्रकरण–3: (देशभाषा काव्य) सामान्य परिचय 28

प्रकरण–4 : (पुफटकल रचनाएँ) सामान्य परिचय   33

पूर्व मध्यकाल
(भक्तिकाल)

प्रकरण–1 : सामान्य परिचय   34
प्रकरण–2 : निर्गुण धारा : ज्ञानाश्रयी शाखा   38
प्रकरण–3 : निर्गुण धारा : प्रेमाश्रयी (सूफी) शाखा   41
प्रकरण–4 : सगुण धारा : रामभक्ति शाखा   44
प्रकरण–5 : सगुण धारा : कृष्णभक्ति शाखा   47
प्रकरण–6 : सगुण धारा : भक्तिकाल की पुफटकल रचनाएँ   52

उत्तर मध्यकाल
(रीतिकाल)

प्रकरण–1 : सामान्य परिचय   57
प्रकरण–2 : रीति ग्रंथकार कवि : सामान्य परिचय   59
प्रकरण–3 : रीतिकाल के अन्य कवि : सामान्य परिचय   69

आधुनिक काल
(गद्य खण्ड)

प्रकरण–1 : सामान्य परिचय : गद्य का विकास तथा   77
आधुनिक काल के पूर्व गद्य की अवस्था   77
प्रकरण–2 : गद्य साहित्य का आविर्भाव : सामान्य परिचय   81

आधुनिक गद्य साहित्य परंपरा का प्रवर्तन
(प्रथम उत्थान)

प्रकरण—1:	सामान्य परिचय	83
प्रकरण—2:	गद्य साहित्य परंपरा का प्रवर्तन : प्रथम उत्थान	85

गद्य साहित्य का प्रसार
(द्वितीय उत्थान)

प्रकरण—3:	सामान्य परिचय	88
प्रकरण—4:	गद्य साहित्य का प्रसार : सामान्य परिचय	90

गद्य साहित्य की वर्तमान गति
(तृतीय उत्थान)

प्रकरण—5:	सामान्य परिचय	96
प्रकरण—1:	काव्य खण्ड : पुरानी धारा	102
प्रकरण—2:	काव्य खण्ड : नई धारा (प्रथम उत्थान)	106
प्रकरण—3:	काव्य खण्ड : नई धारा (द्वितीय उत्थान)	108
प्रकरण—4:	काव्य खण्ड : नई धारा (तृतीय उत्थान)	111

छायावाद

जयशंकर प्रसाद, सूर्यकांत त्रिपाठी 'निराला', सुमित्रानंदन पंत व महादेवी वर्मा एवं स्वच्छंद धारा	115

उत्तर छायावाद

प्रगतिवाद समीक्षक एवं प्रमुख कवि	117
प्रयोगवाद प्रवर्तक एवं प्रमुख कवि	117

तार सप्तक, दूसरा सप्तक, तीसरा सप्तक व चौथा सप्तक	119
नई कविता कवि एवं अकविता कवि	119
गीत–नवगीत कवि	120
ओशो–ओशो	122
उद्बोधन	124
पत्र पुष्प	125
कवि अनुक्रम	164
रजनी सिंह परिचय	172

उच्छ्वास के आलोक में

रजनी सिंह

दिव्य अनूठा काम

रजनी सिंह ने कर दिया, दिव्य अनूठा काम !
चमकेगा दिन–रात अब, हिंदी–जग में नाम !!
ढाल दिया है काव्य में, हिंदी–काव्य–इतिहास !
किया शारदा ने स्वयं, कलम–नोक पर वास !!
जितने हैं विद्वान जन, सब का है गुण गान !
बड़ी विलक्षण सोच है, शब्द–शब्द में जान !!
गद्य बना आधार था, अब तक सदा हमेश !
रचा काव्य–इतिहास यह, किया प्रयत्न विशेष!!
आदिकाल से हो शुरू, भक्ति–रीति का वास !
वर्तमान तक आ गया, साहित्य का इतिहास !!
यह प्रयास बेजोड़ है, अनुपम कार्य विशेष !
रजनी सिंह की सोच का, होगा मान हमेश !!
हिंदी की सेवा सतत्, करें दिव्य श्रृंगार !
चिरजीवी रजनी रहें, पाएँ कीर्ति अपार !!
सरल, सहज, शब्दावली, अर्थों की भरमार !
हजार वर्ष की शब्द–कथा, गूंथी लेकर सार !!
मेरी है यह कामना, कृपा करें वागीश !
रजनी के मन में बसें, स्वयं सदा जगदीश !!
माँ वागीश्वरी का मिले, लेखनी को वरदान !
हिंदी–जग में हो अमर, रजनी सिंह का नाम !!

–डॉ. योगेंद्र नाथ शर्मा 'अरूण' डी.लिट्.
कवि एवं प्रतिष्ठित साहित्यकार
सेवानिवृत्त प्राचार्य
बी.एस.एम. कॉलेज, रूड़की
निवास : 74/3, न्यू नेहरू नगर
रूड़की– 247667

दिनांक : 13 मई, 2014

डॉ. योगेंद्र नाथ शर्मा 'अरूण' के प्रति

हूँ अभिभूत करूँ भावों से अभिनंदन ।
ज्योतिर्मय बगिया महके खिले प्रीत उपवन ।।
लिखे सुवासित भाव काव्य माला में गूँथ दिए ।
अनुरागी 'योगेंद्र नाथ' अरूणिम प्रकाश किए ।।
दिव्य सोच मधुरिम बानी मन भाषा शुभांकर ।
उमगत मन मेरा स्वर्णिम हुआ काव्य प्रभाकर ।।
करूँ समर्पित धन्य अंजलि ह्रदय घंटिका बाजे ।
सदा रहें पल्लवित स्नेह मधु मणिका छाजे ।।

काव्यात्मक कलेवर में हिंदी साहित्य का इतिहास

साहित्य का इतिहास साहित्यिक कृतियों के माध्यम से जीवन की निरंतरता और परिवर्तनशीलता के विविध आयामों को खोजता और समेटता है । उसकी व्याख्या करता है । साहित्य के इतिहास दर्शन में सामाजिक संरचना, जीवन पद्धतियों और युग–चेतना का उद्घाटन होता है । भारतीय रचनाकारों ने भारतीय समाज के इतिहास और परिवर्तन को देखा–समझा और उसे पूरी समग्रता में सजगता के साथ साहित्य में समेटा । इसीलिए साहित्य का इतिहास लेखन व्यापक जीवन को आत्मसात् करने वाले गंभीर चिंतन कर्म में पर्यवसित हो जाता है ।

हिंदी साहित्य की ऐतिहासिक विरासत को, उसके मानक तथ्यों को सहेजने और उन पर चिंतन–मनन, अवलोकन की प्रक्रिया में हिंदी साहित्य के इतिहास के ग्रंथों का प्रणयन हुआ । लेकिन आचार्य रामचंद्र शुक्ल इतिहास आधारित हिंदी साहित्य की सुसंबद्ध एवं क्रमिक श्रृंखला को काव्यात्मक कलेवर में प्रस्तुत करने का प्रयास संभवतः पहली बार रजनी सिंह की पुस्तक 'हिंदी साहित्य का काव्यात्मक इतिहास' के माध्यम से सामने आया है । रजनी सिंह का संवेदनशील मन कवयित्री के रूप में उनके कविता–संग्रहों के माध्यम से प्रकट होता रहा है । कविता के ढाँचे में साहित्य का इतिहास लेखन अपने–आप में भिन्न और अनूठा प्रयास है ।

साहित्य में भाषा और भाव का अटूट संबंध है । इसलिए पुस्तक के प्रारंभ में हिंदी भाषा की शक्ति और सामर्थ्य के प्रति अटूट विश्वास व्यक्त करते हुए हिंदी की विकास–गाथा की ओर पाठकों को प्रस्थान कराया गया है ।

इस इतिहास ग्रंथ को पढ़कर जाना जा सकता है कि हिंदी की विशाल परंपरा को समृद्ध करते हुए अवधी, ब्रज और खड़ी बोली में कितना अकूत साहित्य सृजन हुआ । साहित्य के परिदृश्य में खड़ी बोली ने अपने परिष्कार–परिमार्जन के साथ–साथ और बाद में गद्य की अनेक विधाओं में हिंदी ने किस तरह अपनी रचनात्मक शक्ति दिखाई । यह पुस्तक कविता की सहज–सरल भाषा में हिंदी साहित्य और साहित्यकारों के रचनात्मक अवदान का परिचय देती है ।

सूचना विस्फोट और उच्च प्रौद्योगिकी के युग में संक्षिप्तीकरण की कला का अपना वैशिष्ट्य है । हिंदी साहित्य के विषयनिष्ठ ज्ञान की जगह वस्तुपरक ज्ञान पर आधारित रजनी सिंह की यह पुस्तक हिंदी साहित्य की बहुविध छवियों की झाँकी प्रस्तुत करती है । यह वस्तुतः काव्यात्मक कलेवर में आचार्य रामचंद्र शुक्ल के इतिहास पर आधारित हिंदी साहित्य का वस्तुनिष्ठ इतिहास है, जो हिंदी साहित्य के इतिहास में सृजनात्मक उपलब्धियों के रूप में दर्ज कृतियों का स्मरण कराता है । हिंदी के महारथियों को नमन करता है ।

हिंदी साहित्य के उद्‌भव और विकास–यात्रा के विस्तृत फलक पर समाविष्ट महत्वपूर्ण दस्तावेजों

को मात्र 128 पृष्ठों की संक्षिप्त काव्यात्मक पुस्तक में समेटकर रजनी सिंह ने एक कठिन और श्रमसाध्य कार्य किया है । यह उनके संकल्पशील मन और हिंदी के प्रति उनकी निष्ठा का परिणाम है । हिंदी 'साहित्य सरोवर' में डुबकी लगाने की 'मन में जगी उमंग' ने उनके 'शब्दों में हलचल' मचाकर उनके भीतर काव्यात्मक ढाँचे में हिंदी साहित्य के इतिहास लेखन की विवशता पैदा की । हिंदी साहित्य के इतिहास की जीवंत प्रस्तुति के लिए कवयित्री बधाई की पात्र हैं । उनकी लेखनी में नैरंतर्य बना रहे और गुणवत्ता बढ़े— इन शुभकामनाओं के साथ.....

—प्रो. डॉ. कुमुद शर्मा,
डी.लिट्.
प्रतिष्ठित लेखिका,
अनेक पुस्तकें प्रकाशित
हिंदी विभाग, दिल्ली विश्वविद्यालय, दिल्ली—7
निवास : 188, नेशनल मीडिया सेंटरए एन एच—8,
गुड़गाँव—122002.
31 अगस्त, 2014.

डॉ. कुमुद शर्मा के प्रति

सागर गहरी गहन सोच साहित्य सरोवर खिला कुमुद ।
नभ में अनगिन तारे चंदा चमके जग ज्योतिर्मुद ।।
हिंदी की सरताज अनोखी हैं कुमुद शर्मा ।
सोच समझ का जोड़–तोड़ नवल सर्व–धर्मा ।।
निजता का संस्पर्श 'आप' हैं सबसे न्यारी ।
सकारात्मक पथगामी शुचिता संयम फुलवारी ।।
'धन्य पुष्प' मुठ्ठीभर मेरे जगर–मगर अनुगुंजित ।
गंध सुगंधित महक खिले बगिया मन प्रमुदित ।।

शत-शत नमन

मामेकं शरणं

—डॉ. ज्ञानेंद्र माहेश्वरी

हिंदी
साहित्य
का
इतिहास
का
साहित्य
हिंदी
भाषा
स्वरुप
है
शुद्ध–बुद्ध
साहित्यिक
पल्लवित
परिनिष्ठित
परिमार्जित
परिभाषित
परिवर्द्धित
प्रतिष्ठित
साहित्यिक
शुद्ध–बुद्ध
है
स्वरुप
भाषा
हिंदी
साहित्य
का
इतिहास
का
साहित्य
हिंदी

—साई–ओशो
माहेश्वरी नगर
डिबाई–203393
(उत्तर प्रदेश)
भारत

धन्य पुष्प

ईश कृपा महिमा जगी उदय हुआ शुभ योग ।
मिला योग से योग लेखन ने पाया शुभ संयोग ।।
साहित्य सुधा अमृत बरसा कला रूचि मन जाग्रत ।
कृपा शारदा सुमति झरी ज्ञान कोष भर प्राकृत ।।
चिंतक शुभ साहित्यकार भरें प्रेरणा प्रियवर ।
पति डॉ. सुरेश चंद्र मौन भाव मन विद्वतवर ।।
पुत्री सदा उमंगित प्रगल्भित सकल चितेरी ।
सौ. अनुभा–डॉ. अनिल गड़ोड़िया दोनों संतानों संग प्रेरी ।।
डॉ. विभा बंसल–डॉ. सिद्धार्थ गौड़–पुत्री मानसी नयम विभोरी ।
डॉ. श्वेता बंसल–डॉ. अजय गर्ग–पुत्री शैरी स्वप्निल मन डोरी ।।
डॉ. जया बंसल विशेष सहयोगिन–पुत्र गौरांग वैभवी ।
डॉ. रूपम बाला संग मेरे प्रिय नाती–नातिन अधिक अनुभवी ।।
नातिन बड़ी ई. अमीषी–ई. रौनक जरीवाला प्राण प्रिय बोली ।
संग नाती वैभव अनंत गड़ोड़िया प्रतिभा बल रंगोली ।।
करूँ समर्पण धन्य पुष्प रचना हिंदी इतिहास यशे ।
बने प्रदर्शक सभी प्रियजन नित–प्रति भाव बसे ।।
पठनीय – संचनीय – गुणवती पुस्तक साजे ।
शोधार्थी – बुद्धिजीवी – अध्ययन – चिंतन जागे ।।
अनुराग प्रिय डॉ. ज्ञानेंद्र माहेश्वरी सुधी ।
कर्मशील–विद्वता सुधार कृति करी प्रभी ।।
अनेकशः धन्य पुष्प चिरजीवी प्रबुद्ध ।
यश–गंगा–जल बहे प्रखर मन–तन शुद्ध ।।
प्रेरणा – स्त्रोत ज्ञान ज्ञानेंद्री ज्ञानेंद्र ।
सहयोग सहज सुगठित सप्रबेंद्र ।।

भाव भरे मन में अकुलाए

मन उमंग तन तरंग शब्दों में हलचल जागी ।
हिंदी भाषा साहित्य सरोवर कथा पुरातन पागी ।।
वंदनीय आचार्य रामचंद्र शुक्ल प्रगल्भ हिंदी ।
अथक परिश्रम प्रतिभा मंथन हुई इतिहास प्रसिद्धी ।।
लिखा 'हिंदी साहित्य इतिहास' संवत् उन्नीस सौ छियासी ।
हजार वर्ष इतिहास समेटा परिवर्तन दिव्यासी ।।
गागर में सागर भर दिया पुस्तक एक बनाय ।
साहित्यकार हिंदी समृद्ध किए नाम परिचाय ।।
मुगल वंश का आगमन हिंदी भाष्य विध्वंस ।
अपने वश में कर लिया जोर जबर बलवंस ।।
हिंदू बोल हुए सब मौन देख म्यान तलवारों की ।
मार–काट रक्त संहार मुगलवंश गद्दारों की ।।
मिला सेर को सवासेर इंग्लैंड तलक भनक फैली ।
मौकापरस्त गोरों की चालें हिंदुस्तान फलक रैली ।।
हिंदी रंगी मैल मिट्टी में रूप बदलकर सिमटा ।
अंग्रेजी–उर्दू भाषा का मिश्रण उसपर चिपटा ।।
बुद्धिमानी संकल्पी लेखक हिंदूजन जब जागे ।
देख खोखली साहित्य पोथी त्रस्त भाव भागे ।।
खोज मचाते भाव जगाते बिगुल एकता बजा दिया ।
एकत्रित हो दृढ़–संकल्पी हिंदी युग भी सजा दिया ।।
कविता–कहानी–उपन्यास–निबंध रचे अनूप अलौकिक ।
धूममची जागे नवयुवक मातृभाषा अंतस् मौलिक ।।
गीता–रामायण पुराण वेदों में खोजी संस्कृति ।
अपनी भाषा प्राणदायिनी शब्द संचिता परिष्कृति ।।
जगी चेतना शक्ति मचल गए उर्दू–अंग्रेजी भाषी ।
युद्ध विरुद्ध क्रुद्ध वाक् संगति समझौता आषी ।।
शिरोमणी साहित्य–जगत् हिंदी भाषी लेखक जागे ।

भाव लिखें समग्र समन्वय एकजुट प्रेषक लागे ।।
बोल–चाल की भाषा जन–गन देसी भाष्य खड़ी बोली ।
भारतेंदु ने भरी समृद्धि हिंदी खड़ी बोली डोली ।।
हुए धुरंधर साहित्य–सेवी रच डाला साहित्य समंदर ।
व्याकरण–समास–अनुप्रास मढ़े सुगढ़ महत्तर ।।
हैं कृतज्ञ हम गुणग्राही रचनाकारी वीरों के ।
सहकर विघ्न सहेजे चिंतक मातृभाष्य हीरों के ।।
स्वतंत्रता की सुखद बयार तमस ताप हरती आई ।
शब्द–शब्द कनक मढ़ सुख–सुहाग भरती लाई ।।
शुद्ध पर्यावरण शुद्ध सोच मन भाव जगे नभ में ।
दबी गढ़ी भाव पोटली बिखरी गंधित जन में ।।
अमर रहे अक्षुण्ण राष्ट्रभाषा अंतरिक्ष महके ।
हिंदी भारत भाल दमक श्रृंगार भाग्य चहके ।।

–रजनी सिंह

नमन करूँ शत बार

रजनी सिंह

अभिव्यंजना

हिंदी मातृभाषा बोली मेरी
मीठी मिश्री शहद रस घोली ।
भारत की संतान हैं हम
भाषा अनेक पर हिंदी बोली ।।

भाषा है अनमोल रागिनी
हिंदी मातृभाषा मिश्री ।
मुख से निःसृत पावन धारा
मेरी बोली ईशश्री ।।

मन की बातें सुनें सुनाएँ
बोलें हिंदी में हमजोली ।
प्रेम-नेह गरमाहट आँचल
माँ-समान हिंदी अनमोली ।।

इसीलिए मन उमंग जगी
गाऊँ महिमा गुणगान करूँ ।
गद्य पढ़ा इतिहास हिंदी का
पद्य रूप अभिव्यक्त करूँ ।।

रजनी सिंह

आचार्य प्रवर रामचंद्र शुक्ल

पहले शब्द तंदुल चढ़ाऊँ
रामचंद्र शुक्ल शिरोमणि को ।
श्रम–वेदी पर चढ़ा चाव
हिंदी इतिहास लेखनी को ।।

करबद्ध–नमन वंदन–अभिनंदन
पूज्य श्री रामचंद्र शुक्ल ।
अथक परिश्रम से लिख डाला
'हिंदी साहित्य इतिहास' फुल्ल ।।

युग–युग तक बहुमूल्य शास्त्र
शिक्षार्थी – ज्ञानार्थी पाएँगे ।
लाभांवित होंगे प्रसन्न फिर
'धन्यवाद' धुन गाएँगे ।।

रजनी सिंह

आदिकाल

प्रकरण—1
सामान्य परिचय

स्व – भाषा स्व – शब्द ।
जिए – मरे स्व – व्यक्त ।।

राष्ट्र–ध्येय ज्ञानीजन जाने ।
प्राण–सर्ग स्वाभिमान पहचाने ।।

हिंदी प्राणों की बलिहारी ।
भारत की पहचान दुलारी ।।

अभिव्यक्ति माधुर्य – भरी ।
कोमल भावों सजी – धरी ।।

है इतिहास आदि–सृष्टि का ।
पर मैं कहूँ 'हजार' सदी का ।।

लुटा–पिटा दुष्टों के कृत पर ।
पर है शान अमर उजागर ।।

हिंदी है जीवन – पतवार ।
उतरे भारतीय हो सवार ।।

प्रतिभावान्

रचनाकार अनेक विलक्षण ।
प्रतिभा प्रगट करी सब गुण ।।

मिश्रबंधु–रामचंद्र शुक्ल ।
श्यामसुंदर–नगेंद्र प्रफुल्ल ।।

मन–हुलास कलम–उजास ।
राष्ट्रभाषा सम्मान आस ।।

जीवन–धन उत्कर्ष मनस्वी ।
भाषा हिंदी बने यशस्वी ।।

संचित सुलभ खोज सभी ।
लिख डाला इतिहास तभी ।।

गद्य–कला से जड़ा–गढ़ा ।
'हिंदी साहित्य इतिहास' पढ़ा ।।

हृदय-हुलास

तन-मन सिहरन उमगी ।
प्रेमभरी हिंदी ठुमगी ।।

सभी रहे श्रमसाध्य नेमी ।
विश्व बने स्वभाषा प्रेमी ।।

हिंदी है सिंधु से जगी ।
शीतल-जल सरिता पगी ।।

आदिकाल से ठुमक-ठुमक ।
मोह रही मन पुलक-पुलक ।।

बात करूँ मुस्काती ये ।
मुझे प्रेमिका भाती ये ।।

शब्द-वर्ण मोहें मन मेरा ।
नव उल्लास पसारें घेरा ।।

हाथ पकड़ संवाद करें ।
अंतस् मन रस-रास करें ।।

रजनी सिंह

चहकती हिंदी

मन उपवन खिल उठी कली ।
काव्य–ज्योति इतिहास पली ।।
लिखूँ सहस्त्र खोजी इतिहास ।
जन–जन लाभांवित प्रतिभास ।।
केवल रहे न साक्ष्य मात्र ।
संस्कृति–समाज–राजनीति पात्र ।।
ज्ञानगम्य गणनायक बन ।
शोध – तथ्य स्थायित्वपन ।।

नामकरण शुभ कर्म–काल ।
आदिकाल नाम वीरगाथा काल ।।
हजार पचास संवत् चले ।
तेरह सौ पचहत्तर रचे–पले ।।
बोल–चाल की भाषा–न्यारी ।
अपभ्रंशों ने खूब सँवारी ।।
साहित्यिक पुस्तक निकलीं ।
संख्या चार प्राप्त कर लीं ।।

विजयपाल रासो हम्मीर ।
कीर्तिलता–कीर्तिपताका गंभीर ।।
काव्य गढ़ा राष्ट्रभाषामय ।
आठ पुस्तकें सुलभमय ।।
खुमान रासो–बीसलदेव रासो ।
जयमयंक परमाल रासो ।।
पृथ्वीराज जयचंद प्रकाश ।
खुसरो पहेलियाँ भरें आश ।।
मुंज और भोज कविजनी ।

21

काव्य-कुशल महात्मनी ।।
कुछ ऐसे भी हुए धुरंधर ।
लिख डाला साहित्य समंदर ।।
समृद्धि-शुचिता चमक पड़ी ।
गैर जना नीयत बिगड़ी ।।
घुसने लगे भाँप संपदा ।
तुर्क भेदिए झगड़ा विपदा ।।

पर हिंदी यश-रथ चढ़ी ।
राजा भोज राज बढ़ी ।।
हम्मीर समय कुछ रूकावट ।
आदिकाल फिर फलावट ।।
अपभ्रंश भरी हिंदी मुस्काई ।
बोल-चाल गति खूब बढ़ाई ।।
नाम पड़ गया देशी भाषा ।
वर्तमान तक महक सुभाषा ।।

एक उदाहरण देखो वीर ।
'चलिअ वीर हम्मीर ।।
पाअभर मेइणि कंपइ' ।
वर्णन जोश अधिक भरइ ।।

प्रकरण–2

अपभ्रंश काव्य

सामान्य परिचय

भाषा ने अब बदली चाल ।
भरतमुनि ने किया कमाल ।।
'अपभ्रंश' शब्द अरूचिकर ।
'देशभाषा' कहा सुमतिकर ।।
प्रेम जगा भाषा महकी ।
सुलह सहज बन चहकी ।।
बौद्ध जैन औ तांत्रिक सिद्धी ।
अपनी ढपली अपनी रिद्धी ।।
गई गड़बड़ा निर्णय बृद्धी ।
मुगल चढ़ी विनाश गद्धी ।।
नालंदा – बिहार ज्ञानेंद्री ।
विक्रम शिला शिक्षा केंद्री ।।
तितर–बितर खिलजी किए ।
वैमनस्य मरुस्थल किए ।।
पात्र बने घृणित दोषमय ।
शर्म गँवाई दुष्ट सोचमय ।।
उसी बीच जनमे कापालिक ।
जोगी वेष ठगी साधिक ।।
चौरासी सिद्ध अगणित नाम ।
'पा' से अंतिम लगे विराम ।।
सरहपा – तिलोपा योगी ।
औरों को शिक्षा ढ़ोंगी ।।

रमे रंगेली पीवे मदिरा ।
नारी संग करे फकिरा ।।
सास बड़ी समझ समझावें ।
यौवन नारी समझ न पावें ।।
हुआ प्रवर्तन 'महासुखवाद' ।
बौद्धधर्म औ तांत्रिक वाद ।।
शक्ति-योगिनी नाम हवास ।
नारी संग बढ़ा सहवास ।।
दुराचार की चली बयार ।
आ धमका विदेशी रार ।।
मुसलमान भारत आगमन ।
अत्याचार बढ़ा कुशासन ।।
एक तरफ सिद्ध वज्रयान ।
योगी गोरखनाथ महान ।।
काम-कला विकृत रूप ।
उच्च लक्ष्य ईश्वर सरुप ।।
चौरासी सिद्धों की माया ।
नाथों की संख्या नौ काया ।।
संवत् नौ सौ है अनुमान ।
गोरख कथा 'रत्नाकर जोपम' जान ।।
संत ज्ञानदेव महाराष्ट्रीयन ।
शिष्य परंपरा अनुकरणीयन ।।
आदिनाथ मत्स्येंद्रनाथ ।
गोरखनाथ औ गैनीनाथ ।।
ज्ञानेश्वर औ निवृत्तिनाथ ।
बने जलंधर आदिनाथ ।।
शहर जालंधर पड़ा सुनाम ।
किए कार्य उत्तम शुभाम ।।
नाथ संप्रदाय में बालनाथ ।

मिलकर करे सुधार साथ ।।
खिचड़ी पकी देश में ऐसी ।
मुस्लिम गाते सूफी जैसी ।।
योगी सिद्ध गाएँ गुण अपने ।
झगड़ा हुआ दोनों में बढ़ने ।।
जोर जबरदस्ती से कर लीं ।
इस्लाम जड़ें ऐसे जम लीं ।।
ख्वाजा मुईनुद्दीन अजमेर में ।
मौका–परस्ती जिधर–किधर में ।।
गोरखनाथ विकल मनमारे ।
सामान्य–साधना योग सँवारे ।।
चित्त–शोधन हुआ प्रकरण ।
नाद–बिंदु जगत् उद्धरण ।।
निर्गुणपंथी करते शोधन ।
आत्मा–परमात्मा सम्मोहन ।।
जाति–पाँति घेरे में भटके ।
अपने मत विवेक पे अटके ।।
जोगी जैसी भाषा बानी ।
'सधुक्कड़ी' जानी–पहचानी ।।
'नाथपंथ' ने धाक जमाई ।
'सधुक्कड़ी' भाषा भरमाई ।।
'मुस्लिम' सुन चुंबक खिचाव ।
'काफिर बोध' जगा मन भाव ।।
विक्रम संवत् चौदह सौ ।
सृजन गद्य–पद्य दोनों ।।
सांप्रदायिक शिक्षा उमड़ी ।
गोरखनाथ पंथ गुणी ।।
काव्य–भाषा मिश्रित उभरी ।
हिंदी ब्रज पश्चिमी भरी ।।

काव्य-भाषा का चलन बढ़ा ।
सिद्ध 'सरह' प्राचीन मढ़ा ।।

1 हेमचंद्र :

हेमचंद्र आचार्य जैनधर्म ।
ग्रंथ व्याकरण बना कर्म ।।
'सिद्ध हेमचंद्र शब्दानुशासन' ।
दोहा पद्य किया नामकरन ।।

2 सोमप्रभसूरि :

लखी प्रसिद्धि जैन काव्य की ।
बने सोमप्रभसूरि पंडित भी ।।
'कुमारपालप्रतिबोध' काव्य ।
रचा संस्कृत श्लोक भाष्य ।।
अपभ्रंश दोहा खूब जमा ।
जैन धर्म मजबूत रमा ।।

3 जैनाचार्य मेरुतुंग :

'प्रबंध चिंतामणि' संस्कृत ग्रंथ ।
जैनाचार्य मेरुतुंग पंथ ।।
कृति 'भोजप्रबंध' बना आधार ।
संग्रह पौराणिक राजा सार ।।
मृणालवती प्रेम विरही ।
मुंज बना तैलप बंदी ।।
मुंज लिखे विरही दोहा ।
प्रेमगली संकरी मोहा ।।

4 विद्याधर :

विद्याधर कवि कन्नौज ।

'प्राकृत पिंगल सूत्र' खोज ।।

5 शारंगधर :

शारंगधर कविताएँ वीररस ।
शाबर मंत्र रचे प्रीत रस ।।
देशप्रेम भाषा चित्र–काव्य ।
लिए देशभाषा के वाक्य ।।
सुभाषित–संग्रह लिखे नेक ।
यत्र–तत्र–सर्वत्र अनेक ।।
'हम्मीर रासो' युद्ध गाथा ।
पद्य रचे वीर क्रुद्ध गाथा ।।
लिखा अनोखा युद्ध इतिहास ।
आदिकाल अद्भुत परिभास ।।
विद्यापति कवि भाषा ऐसी ।
'देशकाल' अपभ्रंशी जैसी ।।

वीरगाथा काल
(संवत् 1050–1375)

प्रकरण–3
देशभाषा काव्य

सामान्य परिचय

जहाँ बसे धनाढ्य हिंदूजन ।
राज्य प्रतिष्ठित राजा जन ।।
बसें लुटेरे मुसलमान जहाँ ।
निरीह जनों लूटें दुख वहाँ ।।
हर्षवर्धन साम्राज्य उदार ।
समाप्त संवत् सात सौ चार ।।
चौहान – चंदेल – परिहार ।
गहरवार झगड़े निःसार ।।
हुआ उदय वीरोल्लास युग का ।
हिंदी साहित्य आगमन शुभ का ।।
वही गजनवी महमूद मना ।
अवसर पा चालाक बना ।।
करता युद्ध अनेक बार ।
पर पाता हर–बार हार ।।
अजयदेव अजमेर संस्थापक ।
किए परास्त मुसलमान शासक ।।
म्लेच्छ रक्त–रंजित कीन्हे ।
मार भगा सबक दीन्हे ।।
'आनासागर' ताल बनाया ।
पुत्र 'अर्णो' के नाम धराया ।।
'अर्णो' पुत्र वीर बीसलदेव ।

नाम गूँजता गली प्रदेश ।।
मार भगाए मुस्लिम शासक ।
दिल्ली–झांसी बनी प्रशासक ।।
शासनकाल यशस्वी बन ।
गाई प्रशंसा मनस्वी जन ।।
अंतिम बार पराजय आई ।
मुगल–दहाड़ सहन नहीं पाई ।।
यशोगति प्राप्त फिर कीन्ही ।
पृथ्वीराज अमर गति लीन्ही ।।
गाते रहे शौर्य गाथाएँ ।
कवि साहित्य सृजन कर्त्ताएँ ।।
युद्ध–प्रेम का मेल काव्य में ।
श्रृंगार सौंदर्य रचा काव्य में ।।
श्रेष्ठ काव्य बने वीर गीत ।
'बीसलदेव रासो' धरोहर जीत ।।
साहित्यिक प्रबंध–ग्रंथ रूप ।
'पृथ्वीराज रासो' ग्रंथ अनूप ।।
'रासो' युग यश गायण ।
'रहस्य' भरा शब्द 'रसायण' ।।

6 खुमान रासो :

खुमान रासो अपूर्ण पर प्राप्त ।
'दलपति–विजय' रचना हुई ख्यात ।।

7 बीसलदेव रासो :

वीरगीत संपूर्ण सुव्यवस्थित ।
ग्रंथ प्रेम–विरह अनुपूरित ।।

8 चंदबरदाई :

चंदबरदाई प्रथम कविकार ।

हिंदी कविता सुगढ़ शृंगार ।।
ढाई हजार पृष्ठ से गुंजा ।
'पृथ्वीराज रासो' चंद पुंजा ।।
'पृथ्वीराज' पिता सोमेश्वर ।
पौत्र 'अर्णोराज' राजेश्वर ।।
माँ कमला पुत्री अनंगपाल ।
गोद लिए राजा दिल्लीवाल ।।
दिल्ली–अजमेर दो राज सजे ।
मौसेरा भाई जयचंद तजे ।।
कन्नौज राज जयचंद पुत्र ।
राजसूय यज्ञ किया स्वतंत्र ।।
पृथ्वीराज संग अन्य सुराज ।
किए निमंत्रित सादर साज ।।
हुए अनुपस्थित पृथ्वीराज ।
अन्य सभी पहुँचे वर ताज ।।
ईर्ष्या–वश जयचंद लगाई ।
पृथ्वीराज मूर्ति द्वार सजाई ।।
पुत्री संयोगिता प्रेम दीवानी ।
वरमाला मूर्ति पहिनानी ।।
निष्कासित पुत्री कर दीनी ।
जयचंद बैर भाव मन कीनी ।।
पुत्री विवश विकल हुई ।
गांधर्व विवाह कर प्रसन्न भई ।।
पृथ्वीराज–संयोगिता कथा ।
व्याप्त हुई यह प्रेम प्रथा ।।

सह न सका जयचंद विवाह ।
करी चढ़ाई सेना अधिकाह ।।
पृथ्वीराज वीर बलशाली ।

खदेड़ भगाई सेना जाली ।।
स्वर्णिम–काल पृथ्वीराज राज ।
नाना अनंगपाल समर्पित राज ।।
जन्म हुआ संवत् ग्यारह सौ पंद्रह ।
ग्यारह सौ बाईस गोद संग्रह ।।

ग्यारह सौ अट्ठावन युद्ध काल ।
शहाबुद्दीन विवादों भरा साल ।।
लिखा किसी ने था 'धोखा' ।
कुछ कल्पित कुछ ने 'चोखा' ।।
उल्लेख कवि 'चंद' दिया ।
'चंदबरदाई' संभवतः किया ।।

9 भट्टकेदार–मधुकर कवि :

पृथ्वीराज लिखा कीर्तिमान ।
'रासो' में चंद–भट्टकेदार गान ।।
भट्टकेदार लिखा महाकाव्य ।
'जयचंद–प्रकाश' प्रताप भाष्य ।।
मधुकर कवि भी भाव जगा ।
'जयमयंक जस चंद्रिका' रचा ।।

10 सिंघायच दयालदास :

'राठौडा री ख्यात' ग्रंथ वृतांत ।
बीकानेर राज–पुस्तक–भण्डार प्राप्त ।।
है सार्थक विवरण सब पेश ।
कन्नौज तक इतिहास शेष ।।

11 जगनिक :

बारह सौ तीस संवत् प्रसिद्ध ।

कालिंजर राजा परमार सिद्ध ।।
जगनिक भाट रचा एक काव्य ।
आल्हा-ऊदल (उदयसिंह) काव्य ।।
गाँव-गाँव में झूमें गावें ।
लोग-लुगाई जोश दिखावें ।।
आल्हा-ऊदल नाम अमर ।
हिंदी साहित्य झलै चँवर ।।

12 श्रीधर :

'रणमल्ल छंद' एक काव्य ।
राजा रणमल्ल जय गाव्य ।।

प्रकरण–4

फुटकल रचनाएँ

सामान्य परिचय

रचना पद्य वीरगाथा जग ।
बोलचाल भाषा पग–पग ।।
दिल्ली के खुसरो बतलाएँ ।
तिरहुत विद्यापति सुनाएँ ।।

13 खुसरो :

खुसरो बने प्रशंसक सबके ।
लिखे दोहे–पहेली तुक फंके ।।
फारसी ग्रंथ रचे कई सार ।
बृहद भाष्य बृहद् प्रचार ।।
मुकरी–पहेली गीत रसीले ।
ब्रजभाषा भर मधुर नुकीले ।।
जमी धाक घर–घर खुसरो ।
कबीरदास सम मन मुखरो ।।

14 विद्यापति :

विद्यापति भाषा मैथिली ।
रस–शृंगार–पद निर्मली ।।
राधा–कृष्ण महिमा अपार ।
बाल कुँज यमुना बिहार ।।
बहती रही काव्य–रस सरिता ।
जल बहता मंदगति भरिता ।।
संवत् चौदह सौ तक चला ।
वीरगाथाकाल भला ।।

पूर्व मध्यकाल

भक्तिकाल
(संवत् 1375–1700)

प्रकरण–1

सामान्य परिचय

देश घिरा अवसाद अंधेरा ।
लुटने लगी संस्कृति सुमेरा ।।

मुस्लिम राज्य निरंकुश शासन ।
अत्याचार हिंसा दुःशासन ।।

धर्म–विनाश विद्वान त्रास ।
अपमान पुरुष हिंदुत्व ह्रास ।।

फैल गया साम्राज्य मुसलमाय ।
लड़ने लगे स्वतंत्र समुदाय ।।

छाई उदासी देख अव्यवस्था ।
हताश जाति ढूँढ़े सुख आस्था ।।

कर्म–ज्ञान औ भक्ति समागम ।
सिद्ध–कापालिक नष्ट–भ्रष्टतम ।।

धर्म–भावना मिटी जगत् से ।
मन विदीर्ण कर्म परत से ।।

कर्महीन ज्ञानदीन भक्ति शुन्य ।
निष्प्राण समस्त भारत पुन्य ।।

महाभारत–रामायण लुप्त ।
शुचित विचार भए सुप्त ।।

जोगी–सिद्धी मस्त मलंदर ।
रहस्य–गुह्य सिद्ध कलंदर ।।

बाह्य जगत् फैलावें भटकन ।
नाथ–पंथ मोड़ कर वंदन ।।

विद्वन्मंडली हुआ विकास ।
ज्ञान–गुरू जागे भर साँस ।।

भक्ति मार्ग सिद्धांत सुवास ।
उमड़ा नूतन जन प्रकास ।।

15 रामानुजाचार्य :

उद्भव हुआ रामानुजाचार्य गुरू ।
संवत् एक हजार तिहत्तर शुरू ।।
सगुण–भक्ति का किया उदय ।
जनता हर्षित पथ गमय ।।
स्वामी मध्वाचार्य द्वैतवादी ।
वैष्णव संप्रदाय कृष्णवादी ।।
कालदर्शी कवि जगी भावना ।
जन–मन परिवर्तन साधना ।।
हिंदु जागे जगे मुसलमान ।

त्याग भेद जागे मन गान ।।
बढ़ने लगा भक्ति – संसार ।
खुशियों झूमा जनाधार ।।
जयदेव जगे पूर्वी भाग ।
मिथिला से विद्यापति राग ।।
उत्तर भारत से रामानंद ।
बल्लभाचार्य कृष्ण आनंद ।।
संवत् तेरह सौ अट्ठाईस ।
महाराष्ट्र भक्त नामदेव ईस ।।
'निर्गुण पंथ' चलाया कबीर ।
अंतस्साधना प्रेम अबीर ।।
साध चले नानक–दादू संत ।
मलूकदास साधक महंत ।।
सूफी संत प्रेम तत्व ग्राहक ।
विलासिता पूर्णत्व प्रवाहक ।।
नामदेव कवि गुण साधक ।
हिंदी कविता के संवाहक ।।
सगुणोपासना – निर्गुणोपासना ।
दोनों सत्य समग्र उपासना ।।
ज्ञान देव की ज्योति जली ।
परम सुधी मुनि उज्ज्वली ।।
भेद बताते ज्ञान गुणाकर ।
मत भटको ईश दिवाकर ।।
निर्गुण–सगुण भक्ति धारा ।
पंद्रहवीं संवत् चली उदारा ।।
निर्गुण विभक्त दो शाखा ।
ज्ञान एक दूजी प्रेम शाखा ।।
संत महात्मा उपदेश उच्चार ।
जनता हर्षित पा उपकार ।।

त्याग आडंबर अपनाए हजार ।
शुद्ध आचरण भर मनुहार ।।
आत्म–गौरव का हुआ संचार ।
रचने लगा इतिहास अपार ।।
काव्य–कहानी माध्यम धर ।
हिंदी भाषा प्रसन्न वर ।।
तोरण बंधन बँधे सुभाषित ।
सुगंध–मधुर–मुस्कान प्रवाहित ।।
'ईश्वरदास' ग्रंथ अवधी ।
ठेठ भाषा चौपाई सधी ।।
कुल रचे दोहा अट्ठावन ।
प्रेम प्रबंध रहस्यमय भावन ।।
'जायसी' काव्य क्षेत्र रत्नाकर ।
प्रसिद्ध हुए 'पद्मावत' रचाकर ।।
तुलसीदास अति बुद्धि शुद्ध ।
'रामचरितमानस' ग्रंथ समृद्ध ।।

प्रकरण–2
निर्गुण धारा

ज्ञानाश्रयी शाखा

16 कबीर :

कबीर जन्म चौदह सौ छप्पन ।
हिंदू प्रवृति भक्ति लक्षन ।।
शिष्य बने रामानंद स्वामी ।
त्याग समर्पण प्रेम अनुगामी ।।
'राम–राम कह' पैर पड़ा ।
रामानंद कबीर जकड़ा ।।
रामानंद – भक्ति सुमार्गी ।
शिष्य–परंपरा उदार मार्गी ।।
कबीरदास ज्ञानाश्रयी प्रवर्तक ।
निर्गणधारा राम समर्थक ।।

17 रैदास या रविदास :

'रैदास' समकक्ष उद्धारक ।
धन्ना–मीरा बने उपासक ।।
'पद' रच नाम अमर करना ।
ध्येय प्रेम–प्रण मन धरना ।।

18 धर्मदास :

'धर्मदास' संत कबीर जैसे ।
संत–प्रकृति जन्म–गुण वैसे।।
घर–परिवार त्याग ममता ।
'काव्य' रचे भक्ति समता ।।

19 गुरुनानक :

आदिगुरु हुए सिख संप्रदाय ।
'निर्गुण संतमत' दिया चलाय ।।
मुसलमान–हिंदू बने समर्थक ।
दोनों को भाया निर्गुण अर्थक ।।
'ग्रंथ साहब' पंजाबी भाषा ।
भक्त या विनय सीधी–सी भाषा ।।

20 दादूदयाल :

'दादूदयाल' कबीर अनुयायी ।
'दादूपंथ' मारवाड़ चलायी ।।
प्रसिद्ध हुए साखी–दोहे लिख ।
निराकर–निरंजन धारी सिख ।।

21 सुंदरदास :

'सुंदरदास' बनिए खंडेलवाल ।
जयपुर जन्म मृत्यु सौलह सौ साठ ।।
पाई उपाधी संत और कवि ।
विनोद उक्ति पद गान छवि ।।

22 मलूकदास :

'मलूकदास' सैंकड़ा के ऊपर ।
जीवन अजूबा बना चमककर ।।
दिव्य–शक्ति आत्म–साक्षात्कार ।
जहाज बचाना स्वयं चमत्कार ।।
किया शगूबा रूपयों का ।
गंगाजी में भक्ति मति का ।।
रत्नखान – ज्ञानबोध पुस्तकें ।

निर्गणमार्गी संत समर्थकें ।।
खड़ी बोली रचना गुणभाषी ।
कवित्त–छंद–पद विन्यास राशी ।।

23 अक्षर अनन्य :

'अक्षर अनन्य' सत्रह सौ दस ।
योगी वेदांती दतिया कायस्थ ।।
विस्तृत ज्ञान शिष्य छत्रसाल ।
हाजिर–ज़वाब विरक्त जग–जाल ।।

प्रकरण—3
निर्गुण धारा

प्रेमाश्रयी (सूफी) शाखा

24 कुतबन :
>   शिष्य 'बुरहान' चिश्ती वंश ।
>   'कुतबन' रचा 'मृगावती ग्रंथ ।।
>   प्रेमकथा राजा गणपति सुकृति ।
>   सूफी शैली मृगावती—कुँवर कृति ।।

25 मंझन :
>   'मंझन' कवि कोमल सुकुमार ।
>   शैली सूफी आह्वान प्रेम—पुकार ।।
>   आध्यात्मिक अनुराग काव्य ।
>   मधुमालती—राजकुमार भाव्य ।।
>   अति—जटिल लंबी घटना भर ।
>   रचा दृश्य प्रकृति औ कल्पना कर ।।

26 मलिक मुहम्मद जायसी :
>   मलिक मुहम्मद जायसी सूफी कवि फकीर ।
>   जन्म कहावत स्वयं रची 'आखिरी कलाम' लकीर ।।
>   'भा अवतार मोर नौ सदी ।
>   तीस बरस ऊपर कवि बदी' ।।
>   'पद्मावत' में भरा प्रेम विरही उन्माद ।
>   सूआ से पा भेद पद्मिनी करे संवाद ।।
>   रतनसेन चित्तौड़पति सुन रूप पद्मिनी विचलित ।
>   कैसे पाऊँ अतुल सुंदरी हुए अधीर चित ।।

जोगी वेश धरा मंदिर में जा बैठे ।
शिव-पूजन मंदिर पद्मिनी चूक बैठे ।।
समाचार पा करी चढ़ाई पद्मिनी पाई ।
पर विपदा कुछ समय सेना अलाउद्दीन चढ़ाई ।।
रतनसेन चित्तौड़राज अलाउद्दीन हराई ।
मरा रतनसेन युद्ध-क्षेत्र पद्मिनी चिता समाई ।।
रची जायसी शैली मसनवी वीर शृंगार भरी ।
अलंकार-योजित लोकोत्तर-भावना करी ।।

27 उसमान :

'उसमान' शिष्य हाजी बाबा ।
'जहाँगीर' यश खूब दिखाबा ।।
सुभाव जायसी शब्द गुनाना ।
कल्पकथा कह काव्य सुझाना ।।

28 शेखनबी :

शेखनबी 'मऊ' जिला जौनपुर ।
'ज्ञानदीप' आख्यान काव्य-सुर ।।
राजा 'ज्ञानदीप' 'देवजानी' कहानी ।
कथा प्रेम सूफी शैली बखानी ।।

29 कासिमशाह :

कासिमशाह 'बाराबंकी' निवासी ।
'हंस जवाहिर' कथा सुहासी ।।
राजा हंस-रानी जवाहिर ।
रचना निम्न कोटि माहिर ।।

30 नूर मुहम्मद :

नूर मुहम्मद 'सबरहद' वासी ।

ससुराल आजमगढ़ हुए निवासी ।।
शमसुद्दीन श्वसुर जमाई घर ।
अस्सी उम्र जिए लिख कर ।।
कई विशेषता रहीं समाई ।
दोहे न रच बरवै – चौपाई ।।
फारसी में 'अनुराग बाँसुरी' ।
काव्य 'इंद्रावती' राजकुमारी ।।
संवत् अठारह सौ आते–आते ।
मुसलमान तोड़ते हिंदी नाते ।।
'उर्दू' भाषा विदेशी फारसी ।
अजमाते यद्यपि नहीं हस्ती ।।

प्रकरण—4
सगुण धारा

रामभक्ति शाखा

31 श्री रामानुजाचार्य जी :

शंकराचार्य अद्वैतवाद निरूपणकारी ।
'स्वामी रामानुजाचार्य' विशिष्टाद्वैतवादी ।।
राह सरल भक्तिमार्ग उद्धार प्रणाली ।
जनता आकर्षित समीप्य करा ली ।।
राघवानंद जी प्रधान आचार्य काशी ।
वैष्णव श्रीसंप्रदाय रक्षा आभासी ।।
अधिक अवस्था कारण सौंपा भार स्वामी ।
रामानंद प्रचार संभाला संप्रदायगामी ।।
इष्टदेव 'राम' मूलमंत्र राम ।
अनंतानंद–सुखानंद शिष्य नाम ।।
कबीर – सुरसुरानंद – नरहर्यानंद ।
पीपा – रैदास – सेन – धन्ना – आवानंद ।।
सुसरी   बारह   पद्मावती ।
हुए   शिष्य   अन्य   सुमती ।।

32 गोस्वामी तुलसीदास जी :

हिंदी साहित्य रसधार बही ।
रामभक्त तुलसीदास मही ।।
परमोज्ज्वल प्रकाश बिखरा ।
रामभक्ति हिंदी काव्य सुमरा ।।
संवत् पंद्रह सौ चौवन प्रकट भए ।
आयु सुखद सवा सौ वर्ष जिए ।।

'रामचरितमानस'—'विनयपात्रिका' ।
भक्ति उमंग छाई मन चित्रिका ।।

'कवितावली'—'गीतावली' पद ।
सर्वगुणात्मक—भक्तिभाव प्रद ।।
तुलसी यश कीरति फिर फैली ।
प्रौढ़ साहित्य सुरभिमय शैली ।।

33 स्वामी अग्रदास :

'स्वामी अग्रदास' रचीं कुछ पुस्तकें ।
'हितोपदेश उपरवाणाँ बावनी' दमकें ।।
'ध्यानमंजरी' में भरी कुंडलियाँ ।
'नाभादास' तुलसी एक चिढ़लियाँ ।।

34 नाभादास जी :

'नाभादास' वर्तमान सौलह सौ सत्तावन ।
साधुव्रती—भक्ति ब्रजभाषा रचन ।।
तुलसीदास देख आदर निज ।
गले लगा ग्रंथ 'भक्तमाल' लिख ।।

35 प्राणचंद चौहान :

'प्राणचंद चौहान' संस्कृत नाटक रचा ।
नई पद्धति उद्धृत रामायण नाटक सजा ।।

36 हृदयराम :

'हृदयराम' पंजाब पुत्र कृष्णदास ।
रामभक्ति 'हनुमन्नाटक' रचा प्रास ।।

37 रायमल्ल पांडे :

रचयिता 'हनुमच्चरित्र' भक्ति भरा ।
भक्ति प्रसाद आस–विश्वास उभरा ।।

38 रामचरणदास :

'रामचरणदास' चलाई 'स्वसुखी शाखा' ।
पति–पत्नि राम–सीता सज कल्पित ग्रंथ राखा ।।
'अमर रामायण'–'भुशुंडि रामायण'–'महारामायण' ।
'सखी भाव' राधा–चंद्रावली ग्रंथ पारायण ।।

39 जीवाराम :

'जीवाराम' नाम 'तत्सुखी' शाखा ।
'प्रमोदवन' स्थल चित्रकूट राखा ।।

प्रकरण—5
सगुण धारा

कृष्णभक्ति शाखा

40 श्री बल्लभाचार्य जी :

विक्रम पंद्रह—सोलह शताब्दी तक ।
'बल्लभाचार्य' हुए वैष्णव धर्म प्रवर्तक ।।
वेदशास्त्र ज्ञाता त्यागा वाद 'दार्शनिक' ।
अक्षर ब्रह्म सत्—चित् आनंदक ।।
'कृष्णाश्रय' 'प्रकरण ग्रंथ' विपरीत ।
वर्णन समय दशा मर्यादा वेद प्रीत ।।
'पुष्टिमार्ग' जन आस्था हितकर ।
'पर्यटन' शास्त्रार्थ अस्त्र तजकर ।।
प्रेम—गीत संगीत—ग्रंथ रचकर ।
उमगी गाथा जन—मन शुभकर ।।
नाम 'अंदाल' दक्षिण भक्तिन ।
कृष्ण समर्पण पद द्रविड़ लिखिन ।।
रहस्यवाद माधुर्य भावमय ।
कृष्ण मान पति यौवनमय ।।
'मीराबाई' — 'चैतन्य महाप्रभु' ।
सूफी मत गा कृष्ण स्वंभु ।।
'सूरदास' 'चौरासी वैष्णववार्ता' ।
खूब जमाई आनंदित प्रेमवार्ता ।।

41 सूरदास जी :

'सूरसागर' कृति 'सूरसारावली' ।
'साहित्य लहरी' वंश परंपरा खली ।।

‘सूर’ दृष्टि गिर–कूप गँवाई ।
छह दिन पर भक्ति ने जान बचाई ।।
सूर करी व्यापक पद–लीला ।
बाल–सुलभ श्रृंगार कृष्णलीला ।।
सर्वगुणी रस सिद्ध रसिक ।
‘सूर’ हिए गोविंद अधिक ।।

42 नंददास :

कवि गढ़िया ‘नंददास’ जड़िया ।
‘अष्टछाप’ नाम अमर बढ़िया ।।
‘रास पंचाध्यायी’ रोला छंदी ।
दो सौ फुटकल पद दो गद्य बंदी ।।

43 कृष्णदास :

कृष्णदास प्रधान मंदिर विट्ठलनाथ ।
रूठे कैद भए ड्योढ़ी पिटी साथ ।।
हुए प्रतिष्ठित कृष्ण भक्त बन ।
‘भम्ररगीत’–‘प्रेमतत्व निरूपण’ गढ़न ।।

44 परमानंददास :

‘परमानंद’ लिखा ‘परमानंद सागर’ ।
आठ सौ पैंतीस पद धार गागर ।।

45 चतुर्भुजदास :

‘चतुर्भुजदास’ हुए गुरू भाई ।
तीन ग्रंथ रच साख जमाई ।।

46 छीतस्वामी :

‘छीतस्वामी’ पंडा मथुरा जजमान बीरबल ।

कृष्ण गुणानुवाद संवाद–गान प्रेमफल ।।

47 गोविंदस्वामी :

'गोविंदस्वामी' बहुस्वरमय गायक ।
'तानसेन' सुनन संगीत–साज आवक ।।

48 हितहरिवंश :

मथुरा के राधाबल्लभी संप्रदायी ।
स्वप्न दिखा सुन मंत्र 'राधा' धायी ।।
दिया चलाय पृथक संप्रदाय ।
'राधा सुधानिधि' श्लोक–संग्रह रचाय ।।

49 गदाधर भट्ट :

दक्षिण ब्राह्मण हुए प्रतिष्ठित ।
संस्कृत में ग्रंथ लिखे हित ।।
कविता में पारंगत उच्च बानी ।
भए शिष्य चैतन्य प्रभु जानी ।।

50 मीराबाई :

जन्म जोधपुर कृष्ण दिवानी ।
भोजराज संग विवाह प्रेम भक्तिानी ।।
भजन गाएँ–नाचें बीना मधुगानी ।
तन–मन सुधबुध बिसरा गरल पयानी ।।
'देवितुल्य' आदर कर गूँजी ।
गाथा मीरा – कृष्ण पूँजी ।।
'नरसी जी का मायरा' मीराग्रंथ ।
'गीत गोविंद टीका'–'राग गोविंद' ।।
'राग सोरठा के पद' सहित कुल चार ।
राजस्थान मिश्रित–ब्रजभाषा सार ।।

51 स्वामी हरिदास :

स्वामी हरिदास महात्मा संस्थापक ।
निंबार्क मतांतर्गत ठट्टी संप्रदायक ।।
तानसेन ने सम्मान किया गुरूवत् ।
अकबर साधुवेश गए श्रोतावत् ।।
गान मधुर पर कठिन राग पद ।
रचे ग्रंथ 'स्वामी हरिदास के पद' ।।

52 सूरदास मदनमोहन :

रहे अमीन राज अकबर ।
फक्कड़ पर संत सेवकर ।।
निस्वार्थी परम दयालू ब्राह्मण ।
फुटकल पद लिखे सहज गण ।।

53 श्रीभट्ट :

श्रीभट्ट शिष्य केशव कश्मीरी ।
'युगल शतक' सौ पद रस खीरी ।।
'आदि बानी' पुस्तक राधा–कृष्णा ।
झलक पाय तन–मन हरषा ।।

54 व्यास जी :

ओरछा के हरिराम व्यास ।
'राजगुरू' ओरछा नरेश न्यास ।।
'रासपंचाध्यायी' कृति भक्तिभरी ।
कृष्ण राधामय विस्तृत करी ।।

55 रसखान :

रसखान दिल्ली सरदार पठान ।
कृष्ण–भक्त शिष्य विट्ठलनाथ ।।

देख गोपिका प्रेम रची 'प्रेम वाटिका' ।
हुई अनन्य अलौकिक प्रेमचंद्रिका ।।
कवित्त—सवैया प्रेम— श्रृंगार सज ।
मुखर सत्य हृदय—व्यंजन धज ।।

56 ध्रुवदास :

'ध्रुवदास' कवि वृंदावनवासी ।
छोट—मोटे ग्रंथ लिखे सुखरासी ।।
भारतवासी रहे कृतारथ ।
भक्तकवि लख त्याग सारथक ।।
उऋण न होंगे युग—युगवाद ।
साहित्य जगत् न रहे 'दुखवाद' ।।

प्रकरण–6

सगुण धारा

भक्तिकाल की फुटकल रचनाएँ

सामान्य परिचय

प्रवृत्ति–प्रवाह हुआ जनता का ।
परिस्थितिवश नैतिकता का ।।
अकबर–राज्य हुआ संस्थापित ।
नीति–उदार योग–संस्कारित ।।
दरबार गूँजा 'वाह–वाह' कर ।
सम्मान–पुरस्कार 'कविता' कर ।।
वीर– शृंगार–नीति कविताएँ ।
मढ़ीं तुलसी–सूर–गंग रहिमाएँ ।।

57 छीहल :

राजस्थानी कवि रचना कची ।
'पंचसहेली' पुस्तक रची ।।

58 लालचदास :

लालचदास रायबरेली हलवाई ।
'हरिचरित'–'भागवत दशम् स्कंध भाषा' ई ।।
अवधी से अनुवाद तराशा ।
फ्रांसीसी 'गार्सां द तासी' आशा ।।

59 कृपाराम :

दोहा में 'हिततरंगिणी' रची ।
बिहारी कवि सम काव्य सजी ।।

60 महापात्र नरहरि बंदीजन :
    ग्रंथ लिखे दो अति प्रबल ।
    'छप्पय नीति'–'रूक्मिणी मंगल' ।।

61 नरोत्तमदास :
    नरोत्तमदास वासी सीतापुर ।
    'सुदामाचरित्र' ग्रंथ सवैया सुर ।।
    'ध्रुवचरित' भी रचा खंडकाव्य ।
    भाषा परिमार्जित भर भाव्य ।।

62 आलम :
    'आलम' मुसलमान कवि भए ।
    'माधवानल कामकंदला' ग्रंथ दए ।।

63 महाराज टोडरमल :
    शेरशाह प्रिय अकबर मंत्री ।
    सूबेदार बंगाल चुने संत्री ।।
    नीतिपरक–कवित्त पद्यावली ।
    फुटकल इधर–उधर सद्यावली ।।

64 महाराज बीरबल :
    नारनौल जनमे बीरबल ।
    असल नाम महेशदास ढल ।।
    अकबर दरबार नौ रतन ।
    बीरबल चतुर चिंतन ।।

65 गंग :
    गंग कवि अकबर दरबारी ।
    रहीम खानखाना प्रियधारी ।।
    एक छप्पय पर छत्तीस लाख ।

दिए खानखाना नरकाव्य साख ।।

66 मनोहर कवि :

'मनोहर कवि' कछवाहे सरदार ।
'शत प्रश्नोत्तरी' रची संवार ।।
फारसीपन के छींटे मार ।
फुटकल दोहे नीति– श्रृंगार ।।

67 बलभद्र मिश्र :

ओरछा के सनाढ्य ब्राह्मण ।
'नखशिख' श्रृंगार प्रसिद्ध गण ।।
'गोपाल कवि' टीका लिख दी ।
'दूषण विचार' काव्य–ग्रंथ भी ।।

68 जमाल :

सहृदय – मुसलमान कवी ।
दोहा – पहेली रच यशस्वी ।।

69 केशवदास :

केशवदास साहित्य शास्त्रज्ञ ।
संस्कृत–पंडित काव्य मरमज्ञ ।।
सात–ग्रंथ 'कविप्रिया'–'रामचंद्रिका' ।
'रसिकप्रिया'–'जहाँगीर जसचंद्रिका' ।।
'वीरसिंह देवचरित'–'रतन बावनी' ।
'विज्ञानगीता' काव्य कुमुदनी ।।

70 होलराय :

जमीन पाई अकबर बादशाह ।
गाँव 'होलपुर' दिया बसाह ।।

71 रहीम (अब्दुर्रहीम खानखाना) :
    बैरम खाँ अभिभावक अकबर ।
    पुत्र रहीम मर्मज्ञ कवि जनकर ।।
    दानवीर पर कर्ण संवाहक ।
    दीन–हीन पर सदा सहायक ।।
    याचक कभी न वापिस लौटा ।
    मनवांछित फल दिया सुगौटा ।।
    साहित्य–शिरोमणि तुलसी से ।
    हिंदी – संस्कृत – फारसी से ।।
    भारतीय प्रेम–जीवन तलक ।
    खूब मनोहर सत्य झलक ।।
    'रहीम रत्नावली' संग्रह निकाला ।
    पं. मायाशंकर याज्ञिक बना डाला ।।

72 कादिर :
    फुटकर – कवित्त रचयिता ।
    कभी न पुस्तक में कविता ।।

73 मुबारक :
    संवत् सौलह सौ चालीस ।
    अच्छे पंडित सहृदय कवीस ।।

74 बनारसीदास :
    जैन जौहरी पिता खड्गसेन ।
    शैली पुष्ट युवा कुष्ट धर्म जैन ।।

75 सेनापति :
    गंगावासी अनूपशहर ब्राह्मण ।
    पिता गंगाधर गुरू हीरामण ।।

पद–विन्यास ललित ऋतुवर्णन ।
कर ना पाए अन्य कविजन ।।
रामभक्ति उद्गार अनूठे ।
करतार करम करि–करि रूठे ।।

76 पुष्कर कवि :

जहाँगीर युग गुजरात कायस्थ ।
'रसरतन' दोहा–चौपाई ग्रंथ ।।
संयोग–वियोग प्रेमकथा दरशाई ।
रंभावती–सूरसेन गाथा गाई ।।

77 सुंदर :

गाएँ कविता गाएँ–सुनाएँ ।
शाहजहाँ दरबार भरमाएँ ।।
नायिका–भेद 'सुंदर श्रृंगार' रचा ।
मान 'कविराय' बादशाह जचा ।।

78 लालचंद या लक्षोदय :

डूँगरसी के पुत्र मेवाड़ी ।
प्रबंध काव्य 'पद्मिनी चरित्र' जड़ी ।।
रत्नसेन पद्मिनी कथा ।
राजस्थानी भाषा व्यथा ।।
जायसी से कुछ पृथक करा ।
जिद से पद्मिनी पराक्रम भरा ।।

उत्तर मध्यकाल

रीतिकाल
(संवत् 1700–1900)

प्रकरण–1

सामान्य परिचय

पूर्ण प्रौढ़ता हुआ समुच्चय ।
'हिंदी साहित्य इतिहास' उच्चय ।।
कृपाराम – मोहनलाल मिश्र ।
नरहरि कवि – करनेस जिक्र ।।
श्रृंगार – ग्रंथ अलंकार निरूपण ।
केशवदास शास्त्रीय विरूपण ।।
सम्यक् समावेश कवि कीन्हा ।
काव्य–रीति अद्भुत रूख दीन्हा ।।
केशवदास चमत्कारी कवि ।
संस्कृत – साहित्य मीमांसा छवि ।।
अलंकार ग्रंथ 'चंद्रालोक'–'कुवलयानंद' ।
संक्षिप्त उद्धरणी हिंदी में संस्कृतंद ।।
रीतिकाल परंपरा प्रारंभ ।
'चिंतामणि त्रिपाठी' आरंभ ।।
रीतिकाल पिंगल छंद छाँटे ।
लक्षण – ग्रंथ भर – भर डाटे ।।
अलंकार काव्य की शोभा ।
कविकुल साम्राज्य मन लोभा ।।
पर विपदा ना हुए आचार्य ।
श्रव्य – दृश्य निर्भर हियहार्य ।।

'भूषण' रचा अलंकार 'भाविक' ।
संस्कृत – ग्रंथ अर्थ शाब्दिक ।।
अर्थ भेद केवल अभिमत ।
संस्कृत काव्य – ग्रंथ दृष्टिगत ।।
कविजन भाषा किया विभाजन ।
क्षेत्र दशा से जगा निरापन ।।
ब्रज में सूर रचें ब्रजभाषा ।
अवधी में तुलसी जनभाषा ।।

प्रकरण–2

रीति ग्रंथकार कवि

सामान्य परिचय

रीतिकाल सामान्य–प्रवृति संग ।
मुख्य–मुख्य कवि भरी उमंग ।।

79 चिंतामणि त्रिपाठी :

जन्मतिथि सौलह सौ छासठ ।
'कविकुल कल्पतरू' ग्रंथ पठ ।।
'काव्य विवेक'–'काव्य प्रकाश' ।
'रामायण' ग्रंथ पाँच तराश ।।

80 बेनी :

फुटकल कवित्त ग्रंथ न कोई ।
नख–शिख षट् ऋतु पुस्तक पोई ।।

81 महाराज जसवंत सिंह :

महाराज प्रसिद्ध मारवाड़ ।
हिंद नरेश प्रतापी लड़ाक ।।
औरंगजेब भयभीत किया ।
शाहजहाँ–युग युद्ध किया ।।
तत्व – ज्ञान संपन्न सरूप ।
साहित्य – मर्मज्ञ जस रूप ।।

82 बिहारीलाल :

ग्वालियर पास जनमे बसुवा ।
तरूण भए ससुराल मथुरा ।।
जयपुर महाराज मतिभ्रम ।
प्रेमपाश भगाया मन—भ्रम ।।
मान बढ़ा सम्मान मिला ।
महाराज से अशरफी दिला ।।
कीर्ति—स्तंभ 'बिहारी सतसई' ।
सात सौ दोहों से जड़दई ।।

83 मंडन :

बुंदेलखण्ड रचना फुटकल ।
पाँच ग्रंथ भावुक मन—बल ।।

84 मतिराम :

'रसराज'—'ललितललाम' ग्रंथ ।
'साहित्यसार'—'लक्षण श्रृंगार' लयवृंद ।।

85 भूषण :

काव्य—जगत् सिरमौर सजे ।
वीर रसिक—जन भोर भजे ।।

86 कुलपति मिश्र :

आगरा वासी माथुर चौबे थे ।
'रस रहस्य'—साहित्य शास्त्री थे ।।

87 सुखदेव मिश्र :

दौलतपुर में वंश – बेल है ।
ब्रह्मज्ञान से 'अध्यात्म प्रकाश' है ।।

'कविराज' उपाधि हुए प्रौढ़ कवि ।
'फाजिल–अली–प्रकाश'–'रसार्णव' दी छवि ।।

88 कालिदास त्रिवेदी :
'अंतर्वेद' वासी कान्यकुब्ज ब्राह्मण ।
'कालिदास हजारा'–'वर–वधू–विनोद' ण ।।
'जँजीराबंद' बत्तीस कवित्त पुस्तक प्रमोद ।
'राधा – माधव बुधमिलन – विनोद' ।।

89 राम :
'राम' कवि कविताएँ मनोहर ।
'हनुमान नाटक' सजा मनोरम ।।

90 नेवाज :
'शकुंतला नाटक' दोहा–चौपाई ।
सवैया छंद भाषा सौहाई ।।

91 देव :
'भावविलास' रचयिता ब्राह्मण ।
'अष्टयाम'–'भवानी विलास' जण ।।
आचार्यत्व – कवित्व दोनों समृद्ध ।
मौलिकत्व – स्निग्धत्व प्रबुद्ध ।।

92 श्रीधर या मुरलीधर :
कवित्तकाल है सत्रह सौ साठ ।
'जंगनामा'–'नायिका भेद'–'चित्रकाव्य' पाठ ।।

93 सूरति मिश्र :
'सूरति मिश्र' 'अलंकार माला' तरीका ।

‘अमरचंद्रिका’ काव्यलिखी टीका ।।

94 कवींद्र :

कवींद्र पुत्र कालिदास त्रिवेदी ।
‘रसचंद्रोदय’ ग्रंथ शृंगार वेदी ।।
‘विनोदचंद्रिका’ – ‘जोगलीला’ ।
भाषा – मधुर प्रसाद – प्रवीना ।।

95 श्रीपति :

रीति काव्य ग्रंथ ‘काव्य सरोज’ रचा ।
ओज–माधुर्य छह अन्य ग्रंथ जचा ।।

96 बीर :

कायस्थ श्रीवास्तव दिल्ली वासी ।
‘कृष्णचंद्रिका’ नायिका–भेद रासी ।।

97 कृष्ण कवि :

माथुर चौबे पुत्र बिहारी ।
‘बिहारी सतसई’ टीका रच डारी ।।

98 रसिक सुमति :

‘अलंकार चंद्रोदय’ पद्य रचना ।
‘प्रत्यनीक’ लक्षण–उदाहरण सजना ।।

99 गंजन :

गुजराती ब्राह्मण काशी बस ।
‘कमरुद्दीन खाँ हुलास’ ग्रंथ रस ।।

100 अली मुहिब खाँ (प्रीतम) :
   हास्य कवि 'खटमल बाईसी' ।
   शिष्ट हास्य मैदान प्रदर्शक छाई–सी ।।

101 दास (भिखारीदास) :
   'दास' (भिखारीदास) नौ काव्य कृति ।
   काव्यांग निरूपण में सर्व सम्मति ।।
   बन न सके आचार्य उपाधिधारी ।
   रची साहित्य दर्पण प्रसादवारी ।।

102 भूपति (राजगुरूदत्त सिंह) :
   काव्य मर्मज्ञ 'सतसई' – 'रसरत्नाकर' ।
   'कंठाभूषण' दोहे रीतिभर ।।

103 तोषनिधि :
   चतुर्भुज शुक्ल पुत्र शृंगवेरपुर ।
   'सुधानिधि' रस–भाव भेद सुर ।।
   'विनयशतक' – 'नख–शिख' खोज ।
   सहृदय–निपुण कवि मनोज ।।

104 दलपतिराय और बंशीधर :
   'अलंकार रत्नाकर' ग्रंथ समृद्ध ।
   दंडी–संस्कृताचार्य मनन संबृद्ध ।।

105 सोमनाथ :
   सोमनाथ 'रसपीयूषनिधि' रीतिकाव्य ।
   तीन ग्रंथ नाटक सहित नीतिकाव्य ।।

106 रसलीन :
    मुसलमान कवि हरदोई वासी ।
    'अंग दर्पण'–'रस प्रबोध' रस रासी ।।

107 रघुनाथ :
    काशीराज सभा कवि सोहा ।
    'महाभारत' अनुवाद संग्रहालय जोहा ।।

108 दूलह :
    पिता 'कवींद्र' पौत्र 'कालीदास' ।
    'कविकुलकंठाभरण' पद्य पचासी रास ।।

109 कुमारमणिभट्ट :
    रचयिता 'रसिकरसाल' ।
    रीतिग्रंथ सवैया रसाल ।।

110 शंभुनाथ मिश्र :
    शंभुनाथ कवि यश–प्रताप रचना ।
    'रसतरंगिणी' ग्रंथ 'रसकल्लोल' बना ।।

111 शिवसहायदास :
    'लोकोक्तिरस कौमुदी' रचा ।
    'शिवचौपाई' ग्रंथ रूपमय जड़ा ।।

112 रूपसाहि :
    'रूपसाहि' कायस्थ पन्ना दोहा जड़े ।
    पिंगल अलंकार ग्रंथ 'रूपविलास' मढ़े ।।

113 ऋषिनाथ :

दोहा पुस्तक 'अलंकारमणि मंजरी' ।
कविता सुगढ़–सुहानी वृद्ध भए जरी ।।

114 बैरीसाल :

असनी के ब्रह्मभट्ट ग्रंथ भाषाभरण ।
अलंकार–ग्रंथ दोहे सरस जरण ।।

115 दत्त :

अलंकार सजी पुस्तक 'लालित्यलता' ।
कवि अच्छे जान पड़े कानपुर पता ।।

116 रतन कवि :

प्रशंसनीय 'फतेहभूषण' ग्रंथ अर्पण ।
राजा गढ़वाल नामित अन्य अलंकार दर्पण ।।

117 नाथ (हरिनाथ) :

'अलंकार दर्पण' छोटी कृतिका ।
उदाहरण सबके पद लक्षण प्रतिका ।।

118 मनीराम मिश्र :

दो पुस्तकें 'छंदछप्पनी'–'आनंदमंगल' ।
पद्य अनुवाद छंदशास्त्र ग्रंथ प्रबल ।।

119 चंदन :

शाहजहाँपुर बंदीजन रचयिता ग्रंथ तीन ।
'श्रृंगारसागर'–'काव्याभरण'–'कल्लोलतरंगिणी' कीन ।।

120 देवकीनंदन :

ग्रंथ ' श्रृंगार चरित्र'—'अवधूत भूषण' ।
अलंकारमय 'सरफराजचंद्रिका' सृजण ।।

121 महाराज रामसिंह :

नरवलगढ़ के राजा कविवर ।
तीन ग्रंथ रचित सब ही रूचिवर ।।

122 भान कवि :

भान कवि पुत्र राजा जोरावर सिंह ग्रंथ नवरस ।
'नरेंद्र भूषण' एक ग्रंथ वीर – श्रृंगार रस ।।

123 थान कवि :

थान कवि ग्रंथकार पिटारा भानमति का ।
'दलेल प्रकाश' ग्रंथ क्रमबद्ध हीन पर यति का ।।

124 बेनी बंदीजन :

उपहासात्मक पद्धति पर निंदा ।
'भड़ौवा संग्रह' हास्य रस जिंदा ।।

125 बेनी प्रबीन :

'नवरसतरंग' ग्रंथ मनोहर ।
ब्रजभाषा श्रृंगार मनोरम ।।

126 जसवंत सिंह द्वितीय :

'शालिहोत्र'— 'श्रृंगार शिरोमणि' ग्रंथ ।
हिंदी—संस्कृत भाषा प्रेमी पर स्वतंत्र ।।

127 यशोदानंदन :

भावुक—हृदय कवि—मृदु कोमल—भाव ।
ग्रंथ 'बरवै नायिका भेद' रचित स्व—भाव ।।

128 करन कवि :

उत्तम कविता 'रस कल्लोल' ।
रीतिग्रंथ 'साहित्य रस' घोल ।।

129 गुरदीन पांडे :

अज्ञात! रचा कविप्रिया—शैली—ग्रंथ ।
'बागमनोहर' साहित्य—सर्वांग ग्रंथ ।।

130 ब्रह्मदत्त :

ब्राह्मण रचनाकार 'विद्वद्विलास' ।
प्रशंसनीय अलंकार ग्रंथ 'दीपप्रकाश' ।।

131 पद्माकर भट्ट :

अति विशिष्ट 'बिहारी' सम कवि ।
'कविराज शिरोमणि' पदवी पाई छवि ।।
'प्रबोध पचासा'—'गंगा लहरी'—'राम रसायन' ।
तैलंग ब्राह्मण वंदन राजा—राजन ।।

132 ग्वाल कवि :

ब्रजभाषा कवि मथुरा जनमे ।
'भक्त—भावना' रीति—ग्रंथ आठ रचे ।।

133 प्रताप साहि :
दरबारी कवि 'व्यंग्यार्थ कौमुदी' कृति ।
'काव्य विलास' ग्रंथ हुआ प्रसिद्ध अति ।।
नायिका भेद सरस स्निग्ध सरल गति ।
आचार्यत्व–कवित्व संयोग तरल मति ।।

134 रसिक गोविंद :
निंबार्क संप्रदाय शिष्य हरिव्यास ।
नौ ग्रंथों की रचना दोहामय आस ।।

प्रकरण—3
रीतिकाल के अन्य कवि

सामान्य परिचय

रीतिकाल के कुछ कवि लिखते फुटकल ।
शृंगार रस से करें अलंकृत रस-भाव-बल ।।
अधिकांश हुए शृंगारी कवि रचना शैली ।
घनानंद सर्वश्रेष्ठ रची मार्मिक पहेली ।।
रसखान – आलम – ठाकुर प्रेमोन्मत्त भरे ।
कथा प्रबंध कथानक काव्य खूब-खूब रचे ।।
नीतिपद्य – ज्ञानोपदेशक – भक्ति – प्रेम पद ।
युद्ध-दान वीरता रसग्रंथों में उमड़ पन ।।
रीवाँ – महाराज नाटक 'आनंदरघुनंदन' ।
पर गणेश कवि 'प्रद्युम्नविजय' प्रकृत न बन ।।

135 बनवारी :

ओजभरा व्यवहार न सह पाए अपमान ।
अमर सिंह को कहा गँवार इतिहास प्रमान ।।
चट मारी तलवार सलावत खान ।
गिरा भूमि पर तज डाले प्रान ।।

136 सबलसिंह चौहान :

'महाभारत' दोहा-चौपाई लिखी ।
कथा अति सुखद सुहाई दिखी ।।

137 वृंद :

गुरू हुए कृष्णगढ़ नरेश राजसिंह के ।
'शृंगार शिक्षा'–'भावपंचाशिका' नीति दोहे सज के ।।

138 छत्रसिंह कायस्थ :

'विजयमुक्तावली' प्रबंध काव्य ।
काव्य गुण यथेष्ट परिमाण भाव्य ।।

139 बैताल :

'बैताल' नीति कुंडलियाँ रचीं ।
सीधी–सादी बात ज्यों–की–त्यों कहीं ।।

140 आलम :

ब्राह्मण फिर मुसलमान कवि दिवाने ।
रंगरेजिन पर फिदा 'आलमकेलि' रिझाने ।।

141 गुरू गोविंदसिंह जी :

सिक्ख गुरू दसवें पराक्रमी ।
महाराज काव्य – ज्ञाता सद्गुणी ।।
आर्य–संस्कृति हिंदू रक्षक साधक ।
देवकथा भक्ति – भाव आराधक ।।
'सुनीति प्रकाश'–'प्रेम सुमार्ग'– 'चंडीचरित्र' ।
'सर्वलोह प्रकाश'–'बुद्धिसागर' ग्रंथ रचित ।।

142 श्रीधर या मुरलीधर :

कई पुस्तकें फुटकल कविता रची ।
'जंगनामा' ऐतिहासिक युद्ध–ग्रंथ सजी ।।

143 लाल कवि :

गोरे लाल पुरोहित नाम मऊ वासी ।
छत्रसाल महाराज 'छत्रप्रकाश' साजी ।।

144 घनआनंद :

'सुजान' वेश्या प्रेमी जीवन सुखदायी ।
धोखा खा बने वैष्णव निंबार्क संप्रदायी ।।

145 रसनिधि :

अच्छे कवि दतिया जमीदारी ।
'रतन हजारा' बिहारी अनुकरण रचडारी ।।

146 महाराज विश्वनाथ सिंह :

विद्यारसिक कवि सिद्धहस्त ।
रामोपासक ग्रंथ अनेक विषयग्रस्त ।।

147 भक्तवर नागरीदास जी :

शूरवीर बूँदी हाड़ा जैतसिंह मारा ।
विरक्ति गए वृंदावन त्याग सारा ।।
बल्लभाचार्य संग गढ़ी राधा कविता ।
कवयित्री उपपत्नी 'बणीठणी जी' सविता ।।

148 जोधराज :

'हम्मीर रासो' कविता ओज भरी ।
संवत् अठारह सौ पचहत्तर समय करी ।।

149 बख्शी हंसराज :

पन्ना राज्य मंत्री हरिकिशुन पूर्वज भए ।
'प्रेमसखी' नाम से माधुर्य काव्य रच गए ।।

150 जनकराज किशोरीरमण :

अयोध्या वैरागी भक्ति–ज्ञान कविता ।
राम–सीता शृंगार ऋतुबिहार सरिता ।।

151 अलबेली अलि :

शिष्य थे महात्मा 'वंशीअलि' ।
संस्कृत 'श्रीस्तोत्र' साक्ष्य सत्कवि ।।

152 चाचा हित वृंदावनदास :

गौड़ ब्राह्मण निवासी क्षेत्र पुष्कर ।
प्रसिद्ध सूरदास तरह एक लाख पद रचकर ।।

153 गिरधर कविराय :

संवत् अठारह सौ कविकाल ।
नीति कुंडली रच हुए निहाल ।।

154 भगवत रसिक :

भगवद्भजन मगन निर्लिप्त भाव ।
ठट्ठी संप्रदाय पद्य रचे प्रेम–वैराग्य दाव ।।

155 श्री हठी जी :

साहित्य मर्मज्ञ – कला कुशल कवि ।
'राधा सुधा शतक' दोहे कवित्त–सवैया रचि ।।

156 गुमान मिश्र :

पद्यानुवाद नाना छंदों में नैषध काव्य किया ।
उत्तम श्रेणी कवि सरल मनोहर पद्य दिया ।।

157 सरजूराम पंडित :

कथा ग्रंथ 'जैमिनीपुराणभाषा' ।
राजाओं का वर्णन 'रामचरितमानस'–सा ।।

158 भगवंतराय खीची :
रामायण के सात कांड सुंदर बड़े ।
हनुमान प्रशंसा में पचास कवित्त जड़े ।।

159 सूदन :
पिता बसंत मथुरा के माथुर चौबे ।
'सुजान चरित' प्रबंध काव्य ख्यात हौबे ।।

160 हरनारायण :
दो कथात्मक–काव्य अनुप्रास अलंकृत ।
'माधवानल कामकंदला'–'बैताल पचीसी' कृत ।।

161 ब्रजवासीदास :
बल्लभ संप्रदाय 'ब्रजविलास' ब्रजभाष्य ।
'प्रबोध चंद्रोदय' नाटक अनुवाद साज्य ।।

162 गोकुलनाथ, गोपीनाथ और मणिदेव :
तीनों ने मिल दिया हिंदी साहित्य उजास ।
'महाभारत'–'हरिवंश' मनोहर अनुवाद सास ।।

163 बोधा :
वेश्या प्रेम–विरह पद्य रचे रसिक ।
'विरहवारीश' पुस्तक रची कवित ।।

164 रामचंद्र :
पार्वती रूचिकर वर्णन अकथ अलौकिक ।
चरणार्बिंद सुषमा शक्ति शांति द्योतिक ।।

165 मंचित :

कृष्णचरित कृति 'सुरभी–दानलीला'–'कृष्णायन' ।
दोहा–चौपाई श्रृंगारित गोस्वामी अनुकरन ।।

166 मधुसूदनदास :

'रामाश्वमेध' प्रबंधकाव्य अति बड़ा ।
पद्मपुराण आधार मान राम चरित जड़ा ।।

167 मनियार सिंह :

काशी के क्षत्रिय कविता देवपक्ष भरी ।
पार्वती माँ स्तुति हनुमान यश खूब करी ।।

168 कृष्णदास :

कृष्णभक्त चरित मधुर सृजनी ।
'माधुर्य लहरी' पृष्ठ चार सौ बीस बनी ।।

169 गणेश :

लालकवि के पौत्र ग्वाल कवि पुत्र ।
तीन ग्रंथ पद्यबद्ध छंद सात अंक सुत्र ।।

170 सम्मन :

नीति दोहे घर–घर गाँव प्रसिद्ध ।
'पिंगल काव्यभूषण' रीतिग्रंथ अनिरूद्ध ।।

171 ठाकुर :

तीन कवि 'ठाकुर' नाम कविता रचना ।
'असनवाले'–'असनी'–तीसरे 'बुंदेली' सजना ।।

172 ललकदास :
    कंठी धारी महंत जानिए लखनऊ के ।
    'सत्योपाख्यान' ग्रंथ बड़ा वर्णनात्मके ।।

173 खुमान :
    बंदीजन रचना 'अमरप्रकाश'–'अष्टयाम' ।
    'लक्ष्मणशतक'–'हनुमानपंचक'– नखशिख नाम ।।

174 नवलसिंह कायस्थ :
    अच्छे चित्रकार भक्ति औ ज्ञान भरे ।
    काव्यग्रंथ बहुत पर लघु सीमा करे ।।

175 रामसहायदास :
    काशी नरेश के आश्रित बनारस वासी ।
    'रामसतसई' बिहारी अनुकरण साजी ।।

176 चंद्रशेखर :
    वाजपेयी पिता मनीराम कवि ।
    'हम्मीर हठ' ग्रंथ उच्चकोटि छवि ।।

177 बाबा दीनदयाल गिरि :
    संस्कृत–हिंदी विद्वान् कवि भावक ।
    स्वतंत्र काव्य सरस शैली पालक ।।

178 पजनेश :
    'मधुरप्रिया'–'नखशिख'–'पजनेश प्रकाश' ।
    कवित्त–सवैया फुटकल शब्द सुहास ।।

179 गिरिधरदास :

अल्प आयु लिखीं पुस्तक खूब ।
'सरस्वती भवन' पुस्तकालय रचना अनूप ।।

180 द्विजदेव (महाराज मानसिंह) :

ऋतु वर्णन मनुहार सजी श्रृंगार ।
'श्रृंगार बत्तीसी'—श्रृंगार लतिका' बहार ।।

आधुनिक काल
(संवत् 1900–1980)

गद्य खण्ड

प्रकरण—1

सामान्य परिचय

गद्य का विकास
आधुनिक काल के पूर्व गद्य की अवस्था
    संवत् चौदह सौ पगा 'पूछिबा'—'कहिबा' पुस्तक ।
    ब्रजभाषा साहित्य की रही राजपूताना गद्य पक ।।

181 बिट्ठलनाथ :
    ब्रजभाषा गद्य अव्यवस्थित 'श्रृंगार रस मंडन' ।
'चौरासी वैष्णवों की वार्ता'—'दो सौ बावन वैष्णवों की वार्ता' चुन ।।

182 नाभादास जी :
    गद्य—स्वरूप राममय पुस्तक 'अष्टयाम' ।
    दिनचर्या वर्णन किया ब्रजभाषा राम ।।

183 बैकुंठमणि शुक्ल :
    ब्रजभाषा गद्य पुस्तकें 'नाचिकेतोपाख्यान' ।
'अगहन माहात्म्य'—'वैशाख माहात्म्य' करें पान ।।

184 सूरति मिश्र :
    'बैताल पचीसी' ग्रंथ भाषा बोलचाल ।

ब्रजभाषा रूका गद्य संस्कृत उबाल ।।
'इत्यमरः'–'कथंभूतम्' तर्ज टीका ।
भाषा शक्तिहीन अर्थ फीका ।।

खड़ी बोली का गद्य : 185–193

खड़ी बोली उमगन व्यवहारिक ।
दशा – दिशा मुस्लिम दरबारिक ।।
प्रचलित होता दिखता उर्दूमय भाषित ।
खुसरो पद्य–पहेलियाँ खड़ी बोली खालिस ।।
औरंगजेब शायरी जमावट ।
फारसी मिश्रित खड़ी फसावट ।।
उर्दू साहित्य मेल विदेशी ।
नष्ट हुई भारतीय देशी ।।
'गंग कवि' 'चंद छंद बरनन की महिमा' ।
शिष्ट समाज व्यवहार धाक गरिमा ।।
संवत् सत्रह सौ अट्ठानबे लिखा सत्य निष्ठ ।
रामप्रसाद 'निरंजनी' 'भाषा योग वसिष्ठ' ।।
'मुंशी सदासुख' – 'लल्लू लाल' ।
रचा गद्य खड़ी बोली सवाल ।।
संवत् अठारह सौ अठारह ।
'दौलतराम' किया अनुवाद कह ।।
हरिषेणाचार्य कृत 'जैन पद्मपुराण' ।
सात सौ पृष्ठ संपूर्ण गुणान ।।
रीतिकाल अवसान राज्य अंग्रेजी व्यापक ।
शिष्ट समाज खड़ी बोली उर्दू सहायक ।।
आवश्यकता अंग्रेजी शासन भाषा जमी ।
संवत् अट्ठारह सौ साठ व्यवस्था रमी ।।

194 मुंशी सदासुख लाल 'नियाज' :
दिल्लीवासी मुंशी सदासुख लाल 'नियाज' ।
कंपनी अधीन रह लिखी उर्दू कृति साज ।।
'मुंतखबुत्तवारीख' निज वर्णन अतिसार ।
शिष्ट बोलचाल भाषा उर्दू बिन मतिसार ।।

195 इंशाअल्ला खाँ :
दिल्ली से लखनऊ बसे उर्दू शायर मान ।
'उदयभानचरित' चटकीली हिंदी गान ।।

196 लल्लूलाल जी :
गुजरात-ब्राह्मण आगरा के संस्कृत ज्ञाता ।
भागवत दशम स्कंध कथा 'प्रेमसागर' नाता ।।

197 सदल मिश्र :
'नासिकेतोपाख्यान' खड़ी बोली थाती ।
ब्रजभाषा-पूरबी बोली व्यवहार पाती ।।
हिंदू शिक्षित वर्ग ज्ञान उपनिषद् जागा ।
वेद शास्त्र-'ब्रह्म समाज' बंगाल प्रयागा ।।
'मेकाले' ने नब्ज पकड़ अंग्रेजी थोपी ।
हिंदू आहत शिक्षालय अंग्रेजी रोपी ।।

198 राजा शिवप्रसाद :
राजा शिवप्रसाद विद्या व्यसनी जानो ।
शिक्षा विभाग कार्यरत हिंदी प्रचार मानो ।।

सर्व शिक्षा हित विद्यालय लगे खोलने ।
हिंदी प्रचार-प्रसार भावना लगी डोलने ।।
भाषा अदालती उर्दूमय अफसोस जताना ।

शिक्षाविद् विरोधी पर हिंदी ही बताना ।।
विरोधी नेता 'सर सैयद अहमद' अंग्रेजी दास ।
लक्ष्मण और शिवप्रसाद थे हिंदी की आस ।।
फ्रांसीसी 'गार्सां द तासी' उर्दू पर रीझे ।
हिंदी विरोध सुन लक्ष्मण–शिवप्रसाद खीझे ।।

प्रकरण–2
गद्य साहित्य का आविर्भाव

सामान्य परिचय

हिंदी लिए बहाना उर्दू खूब उमड़ी ।
नागरी अक्षर साथ 'बनारस अखवार' कड़ी ।।

199 राजा शिवप्रसाद :
'शिवप्रसाद राजा' पाया विरोध मुस्लिमवादी ।
उफल–जलूल विचार कहा हिंदी 'गँवार' भाषी ।।
क्रोध साध राजा संग पं. श्रीलाल ।
औ पं. वंशीधर लिखीं ठेठ हिंदी चाल ।।
कथा भोज–वीरसिंह–आलसियों को कोड़ा ।
पुस्तक संस्कृत मिश्रित सहज सरल हिंदी जोड़ा ।।
'राजा भोज का सपना'–'मानवधर्मसार' ।
नामक ये पुस्तक हिंदी कर्मपार ।।

200 फ्रेडरिक पिंकाट :
अंग्रेजी बुद्धि जागी देख पलट व्यवहार ।
फ्रेडरिक पिंकाट दिया साथ बने हिंदी सहार ।।
जोड़ लिए हिंदी–प्रेमी औ साहित्यकार ।
हुआ सफल अभियान हिंदुत्व भी साकार ।।

201 राजा लक्ष्मण सिंह :
राजा लक्ष्मण बल पा योगदान हिंदी को ।
लिखे ग्रंथ 'प्रजाहितेषी'–'शकुंतला नाटक' दो ।।

202 नवीन चंद्र राय :

नवीन चंद्र राय पुस्तकें रचीं पंजाब में ।
'स्त्री शिक्षा'–सिद्धांत 'ब्रह्म समाज' दें ।।

203 स्वामी दयानंद सरस्वती :

सरस्वती 'वैदिक ऐकेश्वरवाद' हुआ सत ।
नवविचार–नवशिक्षा फैले 'दयानंद' मत ।।
रचना 'सत्यार्थ प्रकाश' 'आर्य समाज' जगा ।
हिंदी यानी 'आर्य' भाव नगर–नगर उमगा ।।

204 पं0 श्रद्धाराम फुल्लौरी :

पं श्रद्धाराम फुल्लौरी कथा–व्याख्यान कहे ।
पद्य–गद्य अध्यात्म पुस्तकें लिख ज्ञान बहे ।।
'भाग्यवती' उपन्यास प्रशंसा जन–जन बिखरी ।
सच्चे हितेषी–सिद्धहस्त लेखक महिमा निखरी ।।
आहट मिली गद्य हिंदी नव श्रृंगार हुआ ।
'भारतेंदु' का उदय शिक्षित वर्ग हुआ ।।

आधुनिक गद्य साहित्य परंपरा का प्रवर्तन

प्रथम उत्थान
(संवत् 1925–1950)

प्रकरण–1

सामान्य परिचय

भविष्यवाणी हो गई सार्थक पं. श्रद्धाराम भरी ।
भारतेंदु हरिश्चंद्र काशी पुरोधा साहित्य परी ।।
'गद्य प्रवर्तक' वर्तमान संस्कारमयी भाषा ।
पद्य निखार प्राचीन इधर भाषा ब्रजी तराशा ।।
नव विषयों से सुरभित पल्लवित ।
हिंदी – साहित्य देश – समाज उल्लसित ।।
अभिभूत समाज भाषा खड़ी रूचिकर ।
साहित्यिक–प्राकृतिक जीवन हितकर ।।

205 पं0 प्रतापनारायण मिश्र :

पद चिह्नों पर चले स्वछंद गति ।
कहावतें–मुहावरे विनोदशील मति ।।

206 उपाध्याय बदरीनारायण चौधरी :

'प्रेमघन' उपनाम लेख प्राचीन भाव्य ।
वाक्यखंड गुँथी लड़ी से गद्यकाव्य ।।

207 पं0 बालकृष्ण भट्ट :

खरी–खरी कहीं मनोरंजक भईं ।
पुरातन संघर्ष में लिपटी नवीन दई ।।

208 ठाकुर जगमोहन सिह :

मधुर भारतीय रंगबेल जीवन जड़ी ।
भाषा—शैली शब्द शोधनी न लंबी मढ़ी ।।
गद्य साहित्य में हुआ प्रवर्तन नाटक से ।
हरिश्चंद्र अभिनय प्रकट 'जानकी मंगल' नाटक से ।।

209 लाला श्रीनिवासदास :

विशेष झुकाव मौलिक उपन्यास चमका ।
'परीक्षागुरु' पहले—पहल अंग्रेजी ढंग का ।।

210 बा0 राधाकृष्णदास :

बा. राधाकृष्णदास रचयिता 'निस्सहाय हिंदू' ।
छोटा रूप बंगभाषा सम लिखा बहुत बिंदू ।।
निकल पड़ीं अनगिन पत्र—पत्रिकाएँ भी ।
भारतेंदु जीवन निकलीं साथ रहे लेखक भी ।।
हिंदी सेवा धूम—धड़ाका चारों ओर खिली ।
खुशियों की किलकारी जन—जन में मिली ।।

प्रकरण—2
गद्य साहित्य परंपरा का प्रवर्तन

प्रथम उत्थान

211 भारतेंदु हरिश्चंद्र :

जन्म वैश्यकुल भाद्र शुक्ल उन्नीस सौ सात ।
हिंदी भाषा हित किया जीवन भर प्रभात ।।
गद्य उच्च उन्नत सलिल अनुवादों से साज ।
'कविवचनसुधा' पत्रिका छापे कवि काज ।।
'हरिश्चंद्र मैगजीन' फिर 'हरिश्चंद्रचंद्रिका' ।
आठ प्रति बाद नई चाल में जनतंत्रिका ।।
'बाल बोधिनी' प्रकाश्य स्त्री उन्नति ।
मौलिक नाटक 'वैदिकी हिंसा हिंसा न भवति' ।।
'हरिश्चंद्र युग' ख्यात मिली अनुशंसा ।
अल्प आयु प्रयाण मात्र पैंतीस बरसा ।।

212 पं० प्रतापनारायण मिश्र :

छोड़ उन्नाव बसे कानपुर संवत् उन्नीस सौ तेरह ।
हुआ प्रयाण उन्नीस सौ इक्यावन मनमौजी मेलह ।।

213 पं० बालकृष्ण भट्ट :

संस्कृत शिक्षक निकाला पत्र कहावत जड़ ।
प्रयाग वास पूरबी भाषा 'हिंदी प्रदीप' संस्कृत मढ़ ।।

214 उपाध्याय पं० बदरीनारायण चौधरी :

संवत् उन्नीस सौ बारह मिरजापुर जनमे ।
मृत्यु उन्नीस सौ उन्यासी फाल्गुन पूर्व पनपे ।।

215 लाला श्रीनिवासदास :
'तप्तासंवरण' प्रेमकथ्य नाटक रच डाला ।
'रणधीर और प्रेममोहिनी' भी खूब प्रचाला ।।

216 ठाकुर जगमोहन सिंह :
'विजय राघवगढ़' राजकुमार भारतेंदु मत ।
'श्यामास्वप्न' ग्राम्य—जीवन प्रकृति—वर्णन सत ।।

217 बाबू तोताराम :
बी.ए.पास अलीगढ़ वासी हैडमास्टर ।
'भारतबंधु' पत्र प्रेस छापा हितसागर ।।

218 पं० केशवराम भट्ट :
महाराष्ट्रीयन पूर्वज बिहार शिक्षा विभागी ।
लिखी पुस्तकें शिक्षालय स्तर थे अनुरागी ।।

219 पं० राधाचरण गोस्वामी :
संस्कृत—शास्त्री साहित्य—सेवी भाषा चाव ।
वृंदावन 'भारतेंदु' पत्र समाज—सुधार भाव ।।

220 पं० अंबिकादत्त व्यास :
हिंदी—संस्कृत विद्वान कवि धर्म व्याख्याता ।
सनातन—उपदेशी 'अवतार मीमांसा' संज्ञाता ।।

221 पं० मोहनलाल विष्णुलाल पंड्या :
इतिहास सिद्ध 'रासो संरक्षा' रची ।
विद्वान् 'हरिश्चंद्रचंद्रिका' जची ।।

222 पं0 भीमसेन शर्मा :

भक्त दयानंद स्वामी धर्म–ग्रंथ रच डाले ।
'संस्कृत भाषा की अद्‌भुत शक्ति' से शब्द निकाले ।।

223 काशीनाथ खत्री :

'ग्राम पाठशाला'–'बाल विधवा संताप' पुस्तकें ।
ऐतिहासिक रूपक में वर्णन हिंदू विधवा दमकें ।।

224 राधाकृष्णदास :

'सतीप्रताप' नाटक हरिश्चंद्र कृत पूर्ण किया ।
'दुखिनी बाला' कृति भरीं जीर्ण–शीर्ण कुरीतियाँ ।।

225 कार्तिकप्रसाद खत्री :

हिंदी–प्रेमी आसाम–बंगाल भाषा पत्र उद्योग ।
'रेल का विकट खेल' नाटक अपूर्ण प्रयोग ।।

226 फ्रेडरिक पिंकाट :

फ्रेडरिक पिंकाट हिंदी–प्रेमी साहित्य–श्रम किया ।
सत्य–भाव हिंदी–संस्कृति उच्च स्थान दिया ।।
'नागरी प्रचारिणी सभा' जमे हिंदी विद्वान ।
'सरस्वती' पत्रिका दर्शन आरंभ द्वितीय उत्थान ।।

गद्य साहित्य का प्रसार

द्वितीय उत्थान
(संवत् 1950–1975)

प्रकरण–3

सामान्य परिचय

गद्य साहित्य उत्थान उन्नीस सौ पचास जानो ।
भारतेंदु सत्ता स्वतंत्र पूरित मनमोहक मानो ।।
चाल खली एक ऐसी अंग्रेजी डिग्रीधर कीनी ।
मातृभाषा प्रति उदासीन अंग्रेजी भावभीनी ।।
'मुझे तो हिंदी आती नहीं' तुच्छ बोल हिंदू के ।
'चिंता न करो काम शुरू करो' दृढ़ संकल्पी के ।।
धैर्य बँधा उमगे लेखक फिर मध्यम् गति से ।
प्रयोग किए अंग्रेजी–फारसी हिंदी संगति से ।।
हुई व्याकरण शून्य बंगभाषा ने दी दस्तक ।
संस्कृत परिमार्जित हिंदी बनी समरथक ।।

227 पं० महावीर प्रसाद द्विवेदी :

पं. महावीर प्रसाद द्विवेदी बने साध्य सहाई ।
पथ बतलाया स्वयं सुधारी व्याकरण भाषाई ।।
हठी–अनाड़ी लेखक बंधु तत्पर भूल सुधारें ।
द्विवेदी जी सानिध्य रह मधुर हिंदी पुकारें ।।

228 पं० गोविंद नारायण मिश्र :

पं. गोविंद नारायण मिश्र पुस्तक 'विभक्ति–विचार' ।

हिंदी शुद्ध विभक्ति अनुदित परंपरा निखार ।।
शैली सघन रूप गुंफित विविध विचार ।
सूक्ष्म–गूढ़ भावों संग रचित तिलिस्म बिसार ।।
उपन्यास की धूम मची हिंदी साहित्य मंगला ।
नाटक 'महाराणा प्रताप' राधाकृष्णदास सफला ।।
निबंध परंपरा भी निकसी आधी पूरी ।
अंग्रेजी साहित्य सम पीछे रही अधूरी ।।
समालोचना सूक्ष्म साहित्यिक जीवन स्तर ।
'विशुद्ध चरितावली'–'चैतन्य महाप्रभु जीवन' प्रवर ।।

प्रकरण–4
गद्य साहित्य का प्रसार

सामान्य परिचय

हिंदी गद्य विभाजन चार नाटक–उपन्यास–कहानी–निबंध ।
मौलिक नाटक विस्मृत अनुवाद प्रवृति सन्निद्ध ।।
बंगभाष्य नाटक 'वीरनारी'–'पद्मावती'–'कृष्णकुमारी' ।
बाबू गोपालराम 'वभ्रुवाहन'–'वनवीर' नाटक अनुवादी ।।
द्वितीय उत्थान अनुवादिक प्रवृति उमड़–घुमड़ उमगी ।
पं. रूपनारायण पांडे–रवींद्र बाबू, द्विजेंद्रलाल राय जगी ।।
अंग्रेजी–संस्कृत अनुवाद पद्य–गद्य–पुराण ग्रंथा ।
मूल भाव रक्षित–सरसिज शिष्ट साहित्य व्यवस्था ।।

मौलिक नाटक:

229 पं0 किशोरी लाल गोस्वामी :

दो नाटक 'चौपट चपेट'–'मयंक मंजरी' लिखे ।
श्रृंगार रस–दृष्टि लिखे कुछ प्रथम अर्थहीन दिखे ।।

230 पं0 अयोध्यासिंह उपाध्याय :

'रूक्मिणीपरिणय' – 'प्रद्युम्नविजय – व्यायोग' ।
कल्पित कथावस्तु जड़ित मौलिक नाटक प्रयोग ।।

उपन्यास अनूदित :

द्वितीय उत्थान उपन्यासकार सुजान चितेरे ।
मौलिक उपन्यास–अनुवाद सकल चित चेरे ।।
'चित्तौरचातकी' अनुवाद मर्यादाहीन बताया ।
फैंकीं प्रतियाँ गंगा लहरें आंदोलन जगाया ।।

231 बाबू गोपालराम :

तत्पर तुरंत ही अनुवादे उपन्यास कई ।
वक्रभरी मुहावरे जड़ी पूरबी शब्द जई ।।

232 मुंशी उदितनारायण लाल :

गाजीपुर वासी अनुवाद 'दीपनिर्वाण' किया ।
पृथ्वीराज ऐतिहासिक गाथा उपन्यास दिया ।।
साक्षी श्रृंखला अनुवादों की पुष्ट पल्लवित ।
बंकिमचंद्र – रमेशचंद्रदत्त – हाराणचंद्र रक्षित ।।

मौलिक उपन्यास : 233–237

चंडी चरणसेन – शरतबाबू कई जनमे ।
रवींद्र बाबू–ईश्वरी प्रसाद–रूप नारायण भी चमके ।।

238 बाबू देवकीनंदन खत्री :

बाबू देवकीनंदन खत्री मौलिक संबृद्धे ।
तिलिस्म–ऐयारी 'चंद्रकांता' नवयुवक दमके ।।
हिंदी सीख पढ़ें 'चंद्रकांता' लेखक भी बन गए ।
'चद्रकांता संतति' पढ़कर उर्दूभाषी भी जम गए ।।
आज तलक उत्कंठा जागृत यश घंटिका बजी ।
प्रेम और जासूस भावना लपक–झपक सजी ।।

239 बाबू हरिकृष्ण जौहर :

साहित्य – जगत् में उच्च कोटि पनपे ।
उपन्यास से अधिक अपनेपन से चमके ।।

240 बाबू ब्रजनंदन सहाय बी.ए. :

सौंदर्य सुधा के सागर भाव प्रधान उपन्यास ।
वेगवती व्यंजना – मनोविकार प्रगल्भ भास ।।

छोटी कहानियाँ:

मानव स्वभाव – मानव कला कथा गोई ।
मार्मिक कथा 'बृहत्कथा' घटना–प्रधान होई ।।
'बैताल पचीसी'–'सिंहासन बत्तीसी' पुरानी पोथी ।
भिन्न स्थिति चित्रण भर लिखी कहानी छोटी ।।

बंगमहिला : 241–246

जनमी महिला नाम 'बंग महिला' कहानीकार ।
कहानी रचयिता औ बंगला से अनुवादकार ।।
मौलिक कहानी 'दुलाईवाली' लिख हुईं प्रतिष्ठित ।
'इंदुमती' औ 'ग्यारह वर्ष का समय' अधिष्ठित ।।
'ग्राम' कहानी जयशंकर प्रसाद जानी ।
और अनेक तत्पश्चात् तृतीय उत्थान आनी ।।
जी.पी. श्रीवास्तव रची कहानी हास्य जड़ी ।
पं. विश्वंभर नाथ शर्मा कौशिक 'रक्षाबंधन' छपी ।।
'कानों में कंगना' लेखक राजा राधिकारमण प्रसाद सिंह ।
पं. ज्वालादत्त शर्मा–चतुरसेन शास्त्री सहविद् ।।

247 पं० चंद्रधर 'गुलेरी' :

चंद्रधर शर्मा 'गुलेरी' हिंदी अनन्य आराधक ।
हिंदी–संस्कृत–पंजाबी 'उसने कहा था' भावक ।।
मर्यादा स्वर्गिक सुविचार प्रेम संग आचार ।
घटना संग्रह यथार्थवाद अद्वितीय कहानीकार ।।

द्वितीय उत्थान काल का अंतिम भाग ।
सर्वश्रेष्ठ 'प्रेमचंद' लेखक हिंदी प्रयाग ।।
पूर्ण विकास हुआ तृतीय उत्थान काल ।
प्रेमचंद व्यापक लघु कहानी सर्व काल ।।

निबंध :

निबंध विकास भाषा अभ्युदय शक्ति का ।
गद्य विधान मेल-भाव वर्णन-विचार का ।।
निबंध समाहित अर्थ विशेष व्यक्तिगतता ।
एक औ अनेक बातों में संबद्ध समुन्नतता ।।
तत्व-विचारक वैज्ञानिक भाव उच्च गुणग्राही ।
करुण-प्रकृति लेखक करुणा गंभीर वेदनाग्राही ।।
हास्यपक्ष आनंद विनोद हँसमय पक्ष उजागर ।
सूक्ष्म-केंद्र नानाक्षेत्र तुच्छ गंभीर विषय भर ।।
भारतेंदु से चली परंपरा लेखन अन्य अपनाई ।
वर्णनात्मक निबंध शैली समसामयिक बन आई ।।
जीवन चर्या-ऋतुअनुचर्या पर्व-त्यौहार बहुभाई ।
'लार्ड बेकन' का कुशल अनुवादन भाषा सुखद बनाई ।।

248 पं० महावीर प्रसाद द्विवेदी :

'सरस्वती' संपादक लेख लिखे फुटकल ।
निबंध अनोखे भाषा नूतन चमत्कार प्रबल ।।
'कवि और कविता' सूक्ष्म विचार-कला लेखन ।
गूढ़ गुंफित विचार-शैली गद्य संबृद्ध मेघन ।।

249 पं० माधव प्रसाद मिश्र :

समाज सुधारक-संस्कृति रक्षक ।
अद्भुत 'वैश्योपकार' संपादक ।।
मिश्र जी लिखे जीवन-चरित्र विद्वत्जन के ।
स्थायी विषय 'धृति' औ 'क्षमा' केवल उद्धृते ।।

250 बाबू बालमुकुंद गुप्त :

समकालीन अनुभवी - कुशल संपादक ।
'भारतमित्र'-बंग संपादक चलते पुरजे उन्मादक ।।

251 पं0 गोविंद नारायण मिश्र :
 'कवि और चित्रकार' गद्य लेख वाला ।
 समास–अनुप्रास शब्द गुच्छ अटाला ।।

252 बाबू श्यामसुंदरदास जी :
 हिंदी कवि हिंदी भाषी खोज निकाले ।
 आधुनिक सभ्यता विधान पद्धति लेख सँभाले ।।

253 पं0 जगन्नाथ प्रसाद चतुर्वेदी :
 हास्य–विनोद भाषण बाजी अस्थायी रचना ।
 'हिंदीकोविद–रत्नमाला' जीवनवृत गहना ।।

254 पं0 चंद्रधर 'गुलेरी' :
 जयपुर जनमे संवत् उन्नीस सौ चालीस ।
 'कांगड़ा' से पूर्वज जयपुर आकर बसे 'वाहीक' ।।
 शैली विशिष्ट सारगर्भित नाम 'गुलेरी' यशी ।
 'कछुआ धरम'–'मारेसि मोहिं कुठाऊँ' अनुशंसी ।।

255 अध्यापक पूर्णसिंह :
 निबंध लेखक विचार–भाव मिश्रित शैली ।
 'आचरण की सभ्यता'–'मजदूरी और प्रेम'–'सच्ची वीरता' फैली ।।

256 बाबू गुलाबराय (एम.ए., एलएल.बी.) :
 'कुरूपता' – 'कर्त्तव्य संबंधी रोग' ।
 'निदान और चिकित्सा' आदि निबंध संयोग ।।

समालोचना :
 'समालोचना' अर्थ विवेचन गुण–दोष उदाहरण ।
 युरोप पद्धति पर रचना स्वंतत्र विषय उच्चारण ।।
 'निर्णयात्मक' – 'व्याख्यात्मक' मार्ग बनाए ।

निंदा और प्रशंसा उपरांत समीक्षक बताए ।।
मिश्रबंधु उपकार रचा 'हिंदी नवरत्न' ग्रंथ ।
भाषा त्रुटि सुधारी समालोचनात्मक ग्रंथ ।।
पहले लेखक लिखते अव्यवस्थित व्याकरण शून्य ।
बुद्धि भ्रम मिटा सुधारी गल्ती ऊट–पटाँग मूल्य ।।

257 पं0 पद्मसिंह शर्मा :

आलोचनात्मक टिप्पणी कीनी कवि बिहारी पर ।
'आर्यासप्तशती'–'गाथासप्तशती' पद्य श्रृंखला दोहा कर ।।
साहित्य समीक्षा देव – बिहारी न्यायप्रिय ।
पक्षपात प्रभुता साहित्यिक मूल्य समताप्रिय ।।

258 पं0 कृष्ण बिहारी मिश्र :

देव बड़े या उच्च बिहारी तुलना समस्तर ।
पं. कृष्ण बिहारी मिश्र 'मति रामग्रंथावली' रचकर ।।

गद्य साहित्य की वर्तमान गति

तृतीय उत्थान
(संवत् 1975 से)

प्रकरण–5
सामान्य परिचय

हिंदी गद्य विलायती तख्ती शोभा गलियों में ।
कुछ विकास कुछ अंधविश्वास छाया कलियों में ।।
हिंदी के अधिकारी हैं कुछ अंग्रेजी कारी ।
'आधुनिकता' यूरोपी चाल है अनाड़ी पारी ।।
साहित्य शुचित रूक पड़ा झूठी–सच्ची सोचों में ।
प्रेमचंद सर्वचिंतकीय उच्च–भाव बोधों में ।।
'साम्यवाद' विस्तार यूरोपिय सिद्धांतों से ।
'बर्नाडशा' प्रशंसा यह युग 'समस्या नाटकों' से ।।

उपन्यास–कहानी : 259–260

हुई समृद्ध सुविकसित 'उपन्यास–कहानी' ।
सामाजिक–उत्थान प्रेमचंद साहित्य–निधि मानी ।।
बा. वृंदावन लाल वर्मा लिखे ऐतिहासिक ग्रंथ ।
पं. विश्वंभर नाथ कौशिक ने सामाजिक ग्रंथ ।।
उपन्यासकार जैनेंद्र कुमार रहे सामाजिक ।
प्रतापनारायण श्रीवास्तव रहे सामासिक ।।
किसान और जमीदार खाई गहरी शौषण की ।
सत्य विचार भरे साहित्य है पुकार रोपण की ।।
'लक्ष्य' यही उपन्यासकार करें साहित्य सृजन ऐसा ।
पाप–पुण्य मीमांसा–प्रवृति जीवन–चिंतन कैसा ।।

261 भगवती चरण वर्मा :

भगवती चरण वर्मा 'चित्रलेखा' ग्रहस्थाश्रम मार्मिक ।
उदाहरण सहित रचना उपन्यास सृजन हार्दिक ।।

262 राखालदास वंद्योपाध्याय :

प्रसिद्ध पुरातत्व विद् ऐतिहासिक उपन्यासकार ।
'करुणा'–'शशांक'–'धर्मपाल' के सिद्ध रचनाकार ।।

263 प्रेमचंद :

गोदान – निर्मला उपन्यास सामाजिक ।
मर्म भावना समाज – साधना मनवांछित ।।

264-265 विश्वंभर नाथ कौशिक–पं० चतुरसेन शास्त्री :

श्री विश्वंभर नाथ कौशिक 'माँ'– 'भिखारिणी' ।
पं. चतुरसेन शास्त्री 'हृदय की प्यास' मनुहारिणी ।।

छोटी कहानियाँ :

लिखीं विशद् – विस्तृत कवियों का योगदान ।
मनोभाव–संवेदना–सिद्धांत भरा कवि वर्तमान ।।

266 चंडीप्रसाद 'हृदयेश' :

चंडीप्रसाद 'हृदयेश' 'उन्मादिनी' सौदामिनी अपत्यस्नेह ।
सत्वोद्रेक स्तब्धता भरी पूरन और कालीशंकर गेह ।।
सादे ढंग व्यजंक घटनाएँ मुख्य प्रणाली मढ़ी ।
रमणीय अलंकृति विशद् मार्मिक परिस्थिति बढ़ी ।।

267 प्रेमचंद :

तथ्य–प्रतीक लाक्षणिक कहानी 'पांडेय बेचन' लिखी ।
संस्कार के वर्ग भिन्नकर प्रेमचंद 'शंतरज के खिलाड़ी' लिखी ।।

सामाजिक – आर्थिक पीड़ितजन – दुर्दशा कही ।
राजनीतिक आंदोलन युवक गण त्याग–प्रेम मूर्ति बही ।।

268 रायकृष्णदास :

सभ्यता और संस्कृति 'रायकृष्णदास' कहानी भली ।
'अंतःपुर का आरंभ' 'श्रीमंत समंत' चँबेली की कली ।।
कुछ कहानी रचना श्रीबिंदू ब्रह्मचारी ।
पौराणिक – ऐतिहासिक देश एशियावारी ।।
भारतवासी संस्कृति कुछ रची – पची ।
'प्रसाद' कवि 'आकाशदीप' कहानी रची ।।

नाटक :

नाट्य साहित्य आगे बढ़ निकला ।
भिन्न रूप – रंग आकार प्रकार पिघला ।।
नकल तर्ज यूरोप वैचित्रय हुआ जाग्रत ।
अंक आरंभ बीच समय–स्थान–पात्र सूक्ष्म लागत ।।
'सेठ गोविंददास' – 'पं. लक्ष्मीनारायण' ।
बंगला – पाश्चात्य देख हिंदी पारायण ।।
काव्यमयी नाटक हिंदी साहित्य शास्त्र ।
रसविधान – शील वैचित्रय प्रधान अंग मात्र ।।

269–270 जयंशकर प्रसाद–हरिकृष्ण 'प्रेमी' :

सामंजस्य दोनों 'प्रसाद – प्रेमी' विद्वान ।
गूढ़ प्रेम–उत्कृष्ट व्यजंना 'स्कंदगुप्त' विज्ञान ।।

यद्यपि ऐतिहासिक नाटक दोनों में आदर्श ।
देशप्रेम – विश्वप्रेम – अध्यात्म परामर्श ।।

271–272 पं0 गोविंदबल्लभ पंत– पं. लक्ष्मीनारायण मिश्र :

पंत रचित 'वरमाला' मार्कंडेय कथा ।
'राजमुकुट' पन्नाधाय अलौकिक व्यथा ।।
'मद्य' रची 'अँगूर की बेटी' समाज मद्य कथा ।
पं. लक्ष्मीनारायण मिश्र स्त्री 'यथातथ्यवाद' प्रथा ।।

273–274 पं0 उदयशंकर भट्ट–जगन्नाथ प्रसाद 'मिलिंद' :
वासी पंजाब रचे पौराणिक नाटक ।
'प्रताप प्रतिज्ञा' शौर्य – शुचित नाटक ।।

275–276 सुमित्रानंदन पंत – कैलाश नाथ भटनागर :
कवि कल्पना मुस्काती 'ज्योत्सना' नाटक ।
'भीम प्रतिज्ञा' छात्र शैक्षिक भाव नाटक ।।

277–278 चतुरसेन शास्त्री – भोलानाथ शर्मा एम.ए. :
'अमर राठौर' – 'उत्सर्ग' कथावस्तु नाटक ।
अनुवाद 'फाउस्ट' जर्मन कवि 'गेटे' नाटक ।।

निबंध :

हुआ विकास उच्च शिक्षा नित प्रति ।
विश्वविद्यालय गहन सोच–शैली उन्नति ।।
निबंध असाधारण उत्कृष्ट परायण ।
हिंदी साहित्य नूतन अनुकायण ।।

279 चंद्रशेखर मुखोपाध्याय :
हिंदी काव्य गद्य प्रबंध भावुकमय ।
'उद्भ्रांत प्रेम' 'चंद्रशेखर मुखोपाध्याय' हय ।।

280–282 चतुरसेन शास्त्री :

तरंगवती भाषा मुखरित 'अंतस्तल' भई ।
पद्धति यही 'रवींद्र बाबू' 'गीतांजलि' दई ।।
वियोगी हरि भावुक संयोग–वियोग 'अंतर्नाद' ।
सीतामऊ मार्मिक डॉ. रघुवीर सिंह बाद ।।

समालोचना और काव्य मीमांसा :
परिवर्तन समालोचना तृतीय उत्थान हुआ ।
तुलसी–सूर–कबीर–जायसी आलोचना हुआ ।।

283 पं0 कृष्णशंकर शुक्ल :
'केशव की काव्यकला' सुगढ़ अनुसंधान ।
समालोचना चर्चित चमकी भरे प्रमान ।।

284 पं0 गिरिजादत्त शुक्ल 'गिरीश' :
'गुप्तजी की काव्यधारा' सूक्ष्म मार्मिक ।
मैथिलीशरण रचना पक्ष विद्वत्जन उद्घाटित ।।

285 पं0 शांतिप्रिय द्विवेदी :
'हमारे साहित्य निर्माता' साहित्यकार भरी ।
कवि–लेखक प्रकृति विशेषता विस्तृत करी ।।
झूठ औ चाटुकार प्रशंसा अध्यात्म रहस्य करी ।
अकर्मण्यता बुद्धि–शैथिल्य बढ़ा बुद्धि मरी ।।

286–287 बाबू श्यामसुंदरदास – पदुमलाल पुन्नालाल बख्शी :
'साहित्यालोचन' शिक्षोपयोगी सिरमौर गढ़ी ।
'विश्व साहित्य' यूरोपीय पाश्चात्य काव्य मढ़ी ।।
पश्चिम तड़क–भड़क अनुयायी मतवाले भूले ।
जर्मन–फ्रांस–इटली–स्वीडन प्रशंसक झूले ।।
भारतीय भाषा गौण मूल्यहीन जताते ।

गैरों के बल भटक आतंक डंक लगाते ।।
साहित्य–संस्कृति हुई प्रभावित सीमा में ।
चित्रकारी–मूर्तिकारी नकलभरी भाषा में ।।
नारी सौंदर्य उजागर होने लगा काव्य में ।
कविता नर–नारी बिंदास अंग–प्रत्यंग में ।।
काव्य स्वप्न 'मद' कविता रसमय ।
फारस का कुछ चलन इस्लाममय ।।
सूफी शायर अलग–थलग मतवाले प्रेममय ।
सभी हुए मदमस्त भवभूति से पद्माकरमय ।।
चलता रहा कारवाँ यूरोप साहित्य शून्यमय ।
चिंतन शून्य सत्यं–शिवं–सुंदरम् मुखरमय ।।

प्रकरण–1

काव्य खण्ड
(संवत् 1900–1925)

पुरानी धारा :

कवित्त परंपरा निर्बाधित गति चली ।
भक्तिकाल–रीतिकाल गद्य विधा संग पली ॥
भजन–ऐतिहासिक–अलंकार–नायिका नेह ।
श्रृंगारिक वीर रस दोहे–सवैये काव्य गेह ।
कश्मीर से चली काव्यमय ब्रजभाषा ॥
गुजरात – बिहार – कुमाऊँ गढ़ भाषा ।
चली निरंतर दक्षिण भारत धाम ।
'गढ़ राजवंश' गढ़ा चित्र मोलाराम ॥

288 सेवक–महाराज रघुराज सिंह :
'वाग्विलास' नायिका भेद ग्रंथ सृजना ।
रीवाँ नरेश 'रामस्वयंवर' भक्ति रचना ॥
श्रृंगारिक प्रबंध काव्य 'रूक्मिणी परिणय' ।
'आनंदांबुनिधि' औ 'रामाष्टयाम' अभिनय ॥

289 सरदार :
कविताकाल संवत् उन्नीस सौ दो–उन्नीस सौ चालीस ।
सिद्धहस्त मर्मज्ञ काव्यग्रंथ – टीका वागीस ॥

290 बाबा रघुनाथदास रामसनेही :
महात्मा साधु वृतांत पौराणिक गाथा ।
संक्षेप स्वरूप 'विश्रामसागर' भक्ति साथा ॥

291 ललित किशोरी :
असल नाम कुंदनलाल वैश्य लखनऊवासी ।
निर्माण 'साहजी' वृंदावन मंदिर स्मररासी ॥

292 राजा लक्ष्मण सिंह :
गद्य प्रवर्तक ब्रजभाषा में कविता जागी ।
'मेघदूत' अनुवाद ललित सवैया पागी ॥

293 लछिराम :
'बस्ती' जिला जन्म प्रशंसा खूब कीन्ही ।
राजा कर 'सम्मान' भूमि दक्षिणा दीन्ही ॥

294 गोविंद गिल्लाभाई :
भावनगर जनमे ब्रजभाषा काव्य रचे ।
'नीति विनोद'–'षट ऋतु'–'प्रारब्ध पचासा' सजे ॥

295 नवनीत चौबे :
मथुरावासी कविता रचना पुरानी परिपाटी ।
नवगति योग संबंधी रचना करि डाली ॥

पुरानी धारा के अन्य कवि :
भारतेंदु हरिश्चंद्र–प्रतापनारायण मिश्र कवि ।
बदरीनारायण चौधरी–ठाकुर जगमोहन सिंह छवि ॥

पं. अंबिकादत्त–रामकृष्ण वर्मा पुरातन भी ।
लाला सीताराम–पं. अयोध्यासिंह उपाध्याय जी ॥
पं. श्रीधर पाठक–बा. जगन्नाथदास 'रत्नाकर' ।
रायदेवीप्रसाद 'पूर्ण' – वियोगी हरि प्रवर ॥

दुलारे लाल जी भार्गव – पं. रामनाथ कीन ।
नाथूराम शंकर शर्मा – लाला भगवानदीन ।।

296 भारतेंदु हरिश्चंद्र :

गद्य–पद्य ब्रजभाषा संग सजी सवैया कविता ।
जन–साधारण भाषा बोल–चाल रस–सरिता ।।

297 पं0 अंबिकादत्त व्यास :

प्रतिभा बल प्रसन्न कर डाला कवि समाज ।
भक्ति–प्रेम–श्रृंगार मार्मिक कविता ससाज ।।

298 पं0 प्रतापनारायण मिश्र :

समस्यापूर्ति करते ढंग पुराने भरते ।
'रसिक समाज' कानपुर श्रोता मन हरते ।।

299 उपाध्याय बदरीनारायण :

'चरचा चलिबे की चलाइए ना' सवैया ।
'कजली कादंबिनी' है कजली ग्रंथैया ।।

300 ठाकुर जगमोहन सिंह :

सरस सवैया श्रृंगारी पुस्तक कई रचीं ।
कवित्त 'मेघदूत' अनुवाद 'श्यामा' रंग जचीं ।।

301–302 पं0 अंबिकादत्त व्यास और बाबू रामकृष्ण वर्मा (बलबीर) :

303–304 पं0 नकछेदी तिवारी और पं0 विजयानंद त्रिपाठी :

उत्साही काशी कवि समाज रंग मथे ।
'समस्यापूर्ति प्रकाश'–'बिहारी बिहार' रचे ।।

305 लीला सीताराम :

'भूप' उपनाम कवि ने किए कई पद्यानुवाद ।
'रघुवंश' दोहा–चौपाई मेघदूत 'घनाक्षरी' बाद ।।

306 पं0 अयोध्यासिंह उपाध्याय :

खड़ी बोली आधुनिक विषयी कवि ।
'रसकलश' कृति कविताएँ पुरानी छवि ।।

307 पं0 श्रीधर पाठक :

खड़ी बोली संग ब्रजभाषा कविता मधुर सरस ।
'ऋतुश्रृंगार' अनुवाद रसभरे सवैया परस ।।

308 बा0 जगन्नाथदास 'रत्नाकर' :

ब्रजभाषा पुट चुस्त गठीला मर्मज्ञी ।
'हिंडोला' – 'काव्य संवर्धिनी' यज्ञी ।।
'उद्धवशतक'–'गंगावतरण'–'हरिश्चंद्र' सुंदर ।
प्रबंध–काव्य रचना–कौशल अद्वितीय 'रत्नाकर' ।।

309 रायदेवीप्रसाद 'पूर्ण' :

'रसिक समाज' स्मरणीय 'पूर्ण' कवि चर्चा ।
'रसिक वाटिका' पत्रिका समस्यापूर्ति कर्त्ता ।।

310 वियोगी हरि :

'ब्रजभूमि'–'ब्रजभाषा'–'ब्रजपति' उपासक ।
'प्रेमशतक'–'प्रेमपथिक'–'प्रेमांजलि' संवाहक ।।

311 दुलारे लाल जी भार्गव :

साहित्य क्षेत्र में बारीकी खड़ी बोली युग दोहे ।
बिहारी सम प्रतिभाशाली स्निग्ध रस सोहे ।।

प्रकरण—2

काव्य खण्ड
(संवत् 1925–1950)

नई धारा : प्रथम उत्थान

दमकी-चमकी उच्च स्वरों में देशभक्ति बानी ।
हास्य-विनोद गति अपनी भर वीर-शौर्य जानी ।।
अत्याचार-अन्याय उपचार जन्मभूमि उद्धार जगा ।
नई सुमति-नई व्यवस्था कविता-बुद्धि विकास पगा ।।
विषयों में रूपता अनेक विधि-विधान बदला ।
पद्यात्मक निबंध शुष्क और इतिवृत्तात्मक बन चमका ।।

312 भारतेंदु हरिश्चंद्र :
भारतेंदु हरिश्चंद्र देशभक्ति 'भारत दुर्दशा' रचा ।
देशभक्ति-भविष्य भावना पुनीत भाव संचार मचा ।।

313 पं० प्रतापनारायण मिश्र :
हास्य-विनोदपूर्ण रचना स्वमेव सुमोद उमड़ पड़ी ।
'हरगंगा'–'तृप्यंताम्' कहावत 'हिंदी की हिमायत' जड़ी ।।

314 उपाध्याय पं० बदरीनारायण चौधरी :
छंदो में यतिभंग मगर दोषी नहीं माना ।
देश-दशा सुधारक काव्य मर्ममयी जाना ।।

315 ठाकुर जगमोहन सिंह :
प्राचीन संस्कृति संस्कार काव्य-रचना ।
प्रकृतिमय विंध्य प्रदेश अनुराग सुमरना ।।

316 पं० अंबिकादत्त व्यास :

फुटकल रचनाएँ पद्य बेतुके गढ़ डाले ।
असफलता पाई छंद प्रचलित मढ़ डाले ।।
आगे चलकर मचा आंदोलन खड़ी बोली हिंदी ।
पाँच तरह से करी व्यक्त मौलवी और मुंशी बिंदी ।।
पंडित औ मास्टर स्टाइल अयोध्या प्रसाद खत्री ।
बन मुखिया झंडा फहराया खड़ी बोली पत्री ।।

प्रकरण—3
काव्य खण्ड
(संवत् 1950-1975)

नई धारा : द्वितीय उत्थान

317 पं0 श्रीधर पाठक :

पं. श्रीधर पाठक कृति 'एकांतवासी योगी' ।
निर्जन वन में प्रेम व्यथा स्त्री-पुरूष औ प्रेमयोगी ।।
काव्य खड़ी बोली प्राकृतिक पेड़-पौधे पशु-पंछी ।
सिमट गई भाव अभिव्यंजना नैसर्गिक स्वच्छंदी ।।

318 पं0 अयोध्यासिंह जी उपाध्याय :

हिंदी लब्ध प्रतिष्ठ कवि खड़ी बोली ।
उर्दू छंद माँज कवित्त हिंदी जड़ घोली ।।
'चार डग हमने भरे तो क्या किया ।
है पड़ा मैदान कोसों का अभी' जिया ।।
'प्रियप्रवास' काव्य अनमोला कृष्णजयी ।
काव्यकला भावव्यंजना वर्णनात्मकमयी ।।
'चोखे चौपदे' काव्य संग्रह मुहावरों का ।
'वैदेही वनवास' द्विकलात्मक भावों का ।।

319 पं0 महावीर प्रसाद जी द्विवेदी :

द्वितीय उत्थान पद्य संस्कृतवृत्त भर ।
ब्रजभाषा 'अयोध्या का विलाप' राम कर ।।
नागरी प्रचारिणी पत्रिका छापा ।
संस्कृतवृत्त संग पर रही ब्रजभाषा ।।

320 बाबू मैथिलीशरण गुप्त :
खड़ी बोली कविता अनेक रचयिता ।
'सरस्वती' संपादक द्विवेदी से कर हिया ॥
प्रबंध काव्य 'रंग में भंग' कथा चित्तौड़–बूँदी ।
नवयुवक मन मोहा काव्य 'भारत भारती' गूँथी ॥

321 पं0 रामचरित उपाध्याय :
संस्कृत पुरोधा कविता शिरोमणी ।
'राष्ट्रभारती'–'देवदूत'–'देवसभा'–'देवी द्रौपदी' ॥
'भारत भक्ति'–'रामचरितचिंतामणि' ।
भाषा खड़ी बोली प्रबंध काव्य मणि ॥

322 पं0 गिरिधर शर्मा नवरत्न :
ब्रजभाषा कवि–अनुवादक 'शिशुपाल वध' ।
सरस्वती में छपीं कविताएँ अधिकतर गद्यवत ॥

323 पं0 लोचन प्रसाद पांडेय :
रचा बालकपन से काव्य कथा प्रबंध–फुटकल ।
प्रकृति प्रेम व्यापक दृष्टि मृगी दुख प्रबल ॥

द्विवेदी मंडल के बाहर की काव्यभूमि :
द्विवेदी युग प्रकटा प्रभाव अनेक कवि जनमे ।
सरस प्रभावी कविता रायदेवीप्रसाद 'पूर्ण' ये ॥
पं. नाथूराम शंकर शर्मा–पं. गयाप्रसाद शुक्ल ।
पं. रामनरेश त्रिपाठी–पं. सत्यनारायण कवि रत्न ॥
लाला भगवानदीन आदि अधिकांश दोरंगी ।
ब्रजभाषा औ खड़ी बोली नूतन विषय उमंगी ॥
त्याग–वीरता जन्म–भूमि प्रेम जोशीला भाव ।
दार्शनिक पौराणिक ऐतिहासिक प्रसंग दाव ॥

324 रायदेवीप्रसाद 'पूर्ण' :

पुरानी धारा ब्रजभाषा 'रसिक वाटिका' पत्रिका ।
समीचीन कवि कविता छापी पौराणिक मतिका ।।

325 पं0 नाथूराम शंकर शर्मा :

आर्यसमाज अनुयायी उदंडी स्वभाव कवि ।
डाट–फटकार–विधवा हित 'गर्भरंडा रहस्य' रचि ।।

326 पं0 गयाप्रसाद शुक्ल 'सनेही' :

भावुक – सरस हृदय कवि बोली खड़ी ।
'प्रेमपचीसी' – 'कृषक क्रंदन' – 'कुसुमांजली' ।।

327 पं0 रामनरेश त्रिपाठी :

सम्माननीय कवि भाषा सुगढ़ प्रसाद गुण ।
'मिलन'–'पथिक'–'स्वप्न' खंडकाव्य स्वच्छंद मर्मधुन ।।

328 स्व0 लाला भगवानदीन :

सरल हृदय–सादा रहन हिंदी साहित्य शिक्षामय ।
पुण्य कार्य खोला 'काशी साहित्य विद्यालय' ।।
ब्रजभाषा कविता लिखीं खड़ी बोली भी ।
टीकाएँ प्राचीन काव्यों कर पुण्य कर्म भी ।।

329 पं0 रूपनारायण पांडेय :

दोनों भाषा अजमाईं ब्रजभाषा–खड़ी बोली ।
'पराग' काव्य संस्कृत औ हिंदी दोनों छंद होली ।।

330 पं0 सत्यनारायण 'कवि रत्न' :

ब्रजभाषी कवि कृष्ण भक्ति ढंग रचना ।
जीवन विषम बाल से दांपत्य असहना ।।

प्रकरण–4

काव्य खण्ड
(संवत् 1975 से)

नई धारा : तृतीय उत्थान

1. वर्तमान काव्यधाराएँ :

पच्चीस–तीस वर्ष मँज निकली वर्तमान काव्यधारा ।
पद्य प्रवाह खोले तीन रास्ते उर्दू–संस्कृत–हिंदी धारा ।।
बह्नों का–वृतों का–छंदों का तीनों भाषा पर ।
रचने लगे कविजन अपने–अपने बह्नों–वृतों–छंदों पर ।।
तृतीय उत्थान काव्यत्व स्फुरण अच्छा खड़ी बोली का ।
प्रबल–व्यापक नूतन पग देशप्रेम राजभक्ति झोली का ।।
तृतीय उत्थान राजनीति आर्थिक परतंत्र ।
कविवाणी बलिदान स्वतंत्रता देवी की वेदी पर स्वंतत्र ।।
गाँधी जी अनुवाद 'टालस्टाय वाणी' ।
'मशीन सभ्यता घातक' धर्मबुद्धि जाणी ।।
हुआ भूमंडल एक ध्वनित शिक्षित जन मिलना–जुलना ।
शोषक साम्राज्यवाद भर्त्सना आंदोलन करना गुनना ।।
किसान–मजदूर–अछूत–कल–कारखाने प्रतिध्वनित हुए ।
परिवर्तन 'वाद' पुकार 'क्रांति' नाम प्रबल भए ।।

331 मैथिलीशरण गुप्त :

कविता परिमार्जित छंदबद्ध बन उभरी ।
'नक्षत्र निपात' 'अनुरोध'–'स्वयं आगत' भरी ।।

332 मुकुटधर पांडेय :

'वाद' न भटके पद्धतियों पर ही चले ।
नूतन पद्धति रचना 'आँसू' 'उद्‌गार' ढले ।।

333 पं0 बदरीनाथ भट्ट :

भावव्यंजक औ अनूठे गीत रचे–पचे ।
सन् उन्नीस सौ तेरह से पहले से रचे ।।

334 पदुमलाल पुन्नालाल बख्शी :

जीवन औ जगत् का विस्तृत क्षेत्र सजा ।
प्रकृति – प्रेम भक्ति – धर्म सार्वभौम मजा ।।
मन गुबार आंदोलित आत्मा नवजागरण उजास ।
छायावाद आकांक्षा लक्ष्य स्वतंत्र व्यंजना भास ।।
अज्ञेय और अव्यक्त शब्द भरी कामवासना ।
बही न हिंदी काव्य अधूरी रही कामना ।।
उपनिषद् ब्रह्म – जगत् मत भिन्न – भिन्न ।
काव्य नहीं शायद स्त्री – पुरूष परिछिन्न ।।
'छायावाद' काव्य–शैली रहस्यवाद से 'प्रतीकवाद' ।
नवयुग कवि रचनाएँ कलाजड़ 'कलावाद' ।।
'कनक प्रभात'–'स्वर्णसमय'–'स्वप्निल क्रांति' शब्द नवल ।
अजायबघर में जानवर कविता ऐसी हास्य प्रबल ।।
रीतिकाल में रूप बदल श्रृंगारी कविता छेंकी ।
प्रकृति सुंदरी नैसर्गिक पल्लव स्त्री अंग भेंटी ।।
'प्रसाद'–'निराला' रचना वाक्य वैलक्षण्य अर्थभूमिमय ।
'वाद' भिन्न–भिन्न नरेतर प्राणी चर–अचर जीवमय ।।
स्वच्छंदता पथ चिह्न काव्य–धारा अनूप–सी ।
सरस पदावली लिए सहारा लाक्षणिक रुप–सी ।।

ब्रजभाषा काव्य परंपरा :

ब्रजभाषा रचना संसार मन मोह मंच उभार ।
खड़ी बोली निज उत्साह – बल सँवार ।।
ब्रजभाषा माधुर्य अनूप नव सज्जा आकार ।
संस्कृत शब्द प्रयोग सहज स्वभाव प्राकार ।।
रत्नाकर की 'उद्धवशतक'–'बुद्धचरित' प्रबंध काव्य ।
श्री वियोगी हरि 'वीर सतसई' पाया मंगला प्रसाद भाव्य ।।
रामनाथ ज्योतिषी 'रामचंद्रोदय' देवपुरस्कार ।
केसरी सिंह बारहठ 'प्रताप चरित' काव्य बहार ।।

2. द्विवेदीकाल में प्रवर्तित खड़ी बोली की काव्यधारा :

खड़ी बोली कविता इतिवृतात्मक अभिव्यंजक ।
भाषा का स्निग्ध–प्रसन्न–प्रांजल प्रवाह सौंदर्यात्मक ।।
प्रचलित संघटित छंद राग–अलाप लयवंदक ।
कल्पना औ भाव से ऊपर मन रंजक ।।

335 ठाकुर गोपाल शरण सिंह :

मार्मिक विषय खड़ी बोली पुस्तक पाँच बनी ।
'माधवी'–'मानवी'–'संचिता'–'ज्योतिष्मती'–'कादंबिनी' ।।

336 अनूप शर्मा :

ओजस्विनी वाग्धारा ब्रजभाषा फिर खड़ी बोली ।
खंडकाव्य 'सुनाल' महाकाव्य 'सिद्धार्थ' बोली ।।

337 जगदंबाप्रसाद 'हितैषी' :

कवित्त – सवैया सरस भंगिमा निराली ।
'कल्लोलिनी'–'नवोदिता' फुटकल विराली ।।

338 श्याम नारायण पांडेय :

'त्रेता के दो वीर' लक्ष्मण – मेघनाद युद्ध रचा ।
'हल्दीघाटी' महाकाव्य सत्रह सर्ग उत्साह मचा ।।

339 पुरोहित प्रताप नारायण :

महाकाव्य उन्नीस सर्ग 'नल नरेश' रोला–हरि गीतिका ।
'मन के मोती'–'नवनिकुंज' फुटकल खड़ी रीतिका ।।

340 तुलसीराम शर्मा 'दिनेश' :

दो सौ बहत्तर पृष्ठ पुरूषोत्तम कृष्ण काव्यग्रंथ ।
कृष्ण–बलराम–रूक्मिणी नव परिस्थिति दशा कथ ।।

छायावाद
(सन् 1915–1935)

छायावाद अर्थ दो रहस्यवाद–काव्य शैली महादेवी वर्मा ।
संत–साधक प्राचीन तुरीयावस्था – आध्यात्मिक शैली धर्मा ।।
काव्य शैली प्रतीकवाद छाया रूप अप्रस्तुत कथन ।
पंत–प्रसाद–निराला प्रतीक या चित्र भाषा सृजन ।।

341 जयशंकर प्रसाद :

'चित्राधार' संग्रह ब्रजभाषा पुनः खड़ी बोली विकसे ।
'काननकुसुम'–'महाराणा का महत्व'–'करूणालय'–'प्रेमपथिक' निकसे ।।
प्रेमविलासमय मधुर पक्ष स्वाभाविक रूचि रमती ।
प्रकृति अनंत रूप 'आँसू' श्रृंगारी विप्रलंभ संयोग सुख भरती ।।
प्रियतम स्मृति दिव्य विभूति प्रेमी मादक बेसुधता अश्रु बहाती ।
'लहर'–'कामायनी' सुख–भोग–कांति– दीप्ति प्रकृति परिधि सताती ।।

342 सूर्यकांत त्रिपाठी 'निराला' :

संगीतमय काव्य औ काव्यमय संगीत पहचान ।
पद्यो में चरणों की स्वच्छंद विषमता बेमेल तान ।।
स्वच्छंद कवित्त निर्भीक प्रेम लोकहितवाद ।
'वह तोड़ती पत्थर' श्रमिक कष्ट उद्वेलनसाद ।।

343 सुमित्रानंदन पंत :

प्रकृति के सुंदर रूपों की आह्लादमयी अनुभूति योगता ।
'वीणा'–'ग्रंथि'–'पल्लव' रचनाएँ पुरानी धारा शोधता ।।
चित्रमयी लाक्षणिक भाषा औ रूपक भरा संसार ।
शक्ति तीव्र मर्मवेदना हुई प्रतिष्ठित मर्मसार ।।
'अहे निष्ठुर परिवर्तन' ! अहे वासुकि सहस्त्रफन ।
'पंतकवि' स्वच्छंद प्रभारी स्वाभाविक शैलीजन ।।

'नीम' चित्रण शहद चाटने–गुलाब सूँघने वाले निराशी ।
मंगल का अमंगल गत्यात्मक कर्म सौंदर्य हिताशी ।।

344–350 महादेवी वर्मा :

रहस्यवाद भीतर अज्ञात प्रियतम विरहिन ।
रहस्य के संग रहस्य ही रहस्य प्रियतम निरखिन ।।
अंनत सुषमा – अपार वेदना विश्व छोर एक मन ।
'नीहार'–'रश्मि'–'नीरजा'–'सांध्यगीत'– 'यामा' संग्रन ।।
गीत सभी स्निग्ध–प्रांजल पदावली कवयित्री महक ।
हृदय की ऐसी विचित्र भाव–भंगिमा सर्वत्र चहक ।।
कुछ कवि छायावादी मोहनलाल महतो 'वियोगी'–नरेंद्र शर्मा ।
रामेश्वर शुक्ल 'अंचल'–आरसी प्रसाद–भगवतीचरण वर्मा ।।

स्वच्छंद धारा : 351–358

स्वच्छंद धारा बही तीव्र गति समष्टि रूप ।
छायावाद कवि प्रथक समष्टि स्वच्छंद सरूप ।।
पं. माखनलाल चतुर्वेदी – सियारामशरण गुप्त जान ।
पं. बाल कृष्ण शर्मा 'नवीन'–श्रीमती सुभद्रा कुमारी चौहान ।।
श्री हरिवंशराय 'बच्चन' – श्री रामधारी सिंह 'दिनकर' ।
ठाकुर गुरूभक्त सिंह औ पं. उदयशंकर भट्ट वर ।।
हिंदी कविता प्रवाह चल पड़ा विभिन्न धाराएँ ।
अलग–अलग विशेषता छायावाद भिन्न व्यक्ताएँ ।।
कलकल बहता निर्भय पथ हिंदी कविता प्रवाह ।
रूप अनेक सोच स्वभेद रूचिकर गुँजित सुभाव ।।
श्री रामचंद्र शुक्ल महारथी 'हिंदी साहित्य इतिहास' ।
शोधनीय – श्लाघनीय – संचनीय शिक्षार्थी पास ।।
बहुमूल्य गुणन से पूर्ण रचना सुलभ सुभाव ।
भविष्य लाभ की आश धर भर स्व–भाव ।।

उत्तर छायावाद
(सन् 1935–1964)

उत्तर छायावाद उमंगित ज्ञान चक्षु प्रगाढ़वाद ।
दो भागों में विभक्त प्रगतिवाद–प्रयोगवाद ।।
प्रयोगवाद ने जन्मा 'नूतन कविता' राग ।
जनमें पाँच प्रमुख समीक्षक चिंतन अनुराग ।।

प्रगतिवाद समीक्षक :

359 डॉ० नामवर सिंह–अमृतराय :
आलोचक कद्दार सुप्रतिष्ठित साहित्यकार ।
साहित्यकार प्रगतिवाद कवि सुहृदययार ।।

360–361 डॉ० रामविलास शर्मा–शिवदान सिंह चौहान :
अक्खड़ बुद्धिमान हिंदी साहित्य पुरोधा ।
साहित्यकार भाषा हिंदी सरस सुशोधा ।।

362 प्रकाशचंद गुप्त :
प्रकाशचंद गुप्त कवि प्रगति संबोधा ।
निराला – पंत – नरेंद्र शर्मा शोधा ।।

प्रमुख कवि :

रामेश्वर शुक्ल 'अंचल'–बाल कृष्ण शर्मा ।
'दिनकर' – 'नागार्जुन' – रामविलास शर्मा ।।
केदारनाथ अग्रवाल–शिवमंगल सिंह 'सुमन' ।
मुक्तिबोध–रांगेय राघव–त्रिलोचन प्रमन ।।

363 गजानन माधव 'मुक्तिबोध' :
   एक ललकार विलासी बुद्धिमति कोसी दासता ।
   पाई विशिष्टता कवि समाज हुए अग्रजा ।।

364 शिवमंगल सिंह 'सुमन' :
   कविता सुगढ़ सुहानी गायक प्रसिद्ध भए ।
   शिक्षक – सुनिरीक्षक वाजपेयी भए ।।

365 नरेंद्र शर्मा :
   प्रतिभा संपन्न प्रणय गीत भाव प्रवीण क्रांतिकारी कविता ।
   मर्म स्पर्शी गीत साधक मंच–फिल्म मन जन मुग्धिता ।।

366 रामेश्वर शुक्ल 'अंचल' :
   'त्यागपथी' खंडकाव्य ऐतिहासिक सम्राट हर्ष बढ़ता ।
   कवि रचना त्याग तपस्या पवित्र भाष्य गढ़ता ।।

367 रामधारी सिंह 'दिनकर' :
   विद्रोह विस्फोट–ओज सौंदर्य व्यंग व्यक्तित्व निराला ।
   कला स्वप्न सौंदर्य वर्तमान युग कविता उजाला ।।

368 नागार्जुन (वैद्यनाथ मिश्र) :
   प्रमुख काव्य कृति युगधारा – सतरंगे पंखों वाली ।
   तुमने कहा था–मैं मिलिटरी का बूढ़ा घोड़ा मैथिली भाषी ।।

प्रयोगवाद प्रवर्तक :
   सच्चिदानंद हीरानंद वात्स्यायन 'अज्ञेय' ।
   सप्तक चार निकाले सात कवि सुध लेय ।।

प्रमुख कवि :

तार सप्तक : 369-375

गजानन माधव 'मुक्तिबोध'—नेमिचंद्र जैन ।
भारतभूषण अग्रवाल सब कुछ कहैन ।।
प्रभाकर माचवे—गिरिजाकुमार माथुर—'अज्ञेय' शान ।
रामविलास शर्मा मिल सात कविवर मान ।।

दूसरा सप्तक : 376-382

भवानीप्रसाद मिश्र – शकुंत माथुर – हरिनारायण व्यास ।
शमशेर बहादुर—नरेश मेहता—धर्मवीर 'भारती'—रघुवीर सहाय ।।

तीसरा सप्तक : 383-389

प्रयागनारायण त्रिपाठी—कीर्ति चौधरी—मदनवात्स्यायन—सिंह केदारनाथ ।
कुँवर नारायण—विजयदेव नारायण साही—सर्वेश्वर दयाल ।।

चौथा सप्तक : 390-396

अवधेश कुमार—राजकुमार कुंभज—स्वदेश भारती—नंदकिशोर ।
सुमन राजे – श्रीराम वर्मा – राजेंद्र किशोर ।।

नई कविता कवि : 397-420

जगदीश गुप्त – रामस्वरूप चतुर्वेदी ।
गिरिजा कुमार माथुर – 'अज्ञेय' वेदी ।।
भवानी भाई – नरेश मेहता–धर्मवीर 'भारती' ।
कीर्ति चौधरी–मदन वात्स्यायन–केदारनाथ सारथी ।।
कुँवर नारायण – विजयदेव नारायण ।
सर्वेश्वर दयाल सक्सेना – लक्ष्मीकांत पारायण ।।
राजेंद्र किशोर – मलयज – इंद्रनाथ मदान ।
दुष्यंत कुमार – बालकृष्ण राव जान ।।

अजीत कुमार – इंदू – अश्वघोष ।
नलिन विलोचन शर्मा – कुँवर पाल जोश ।।

अकविता कवि : 421–428

सोमित्र मोहन – चंद्रकांत देवनाले ।
श्याम परमार–गंगा प्रसाद विमल हाले ।।
राजीव सक्सेना – नरेंद्रधीर ।
रमेश गौड़ – मुद्राराक्षस वीर ।।

गीत–नवगीत कवि : 429–440

नवल व्यंजना नई सोच नव भावभंगिमा ।
नया विचार नया उद्‌बोधन भाषा–शब्द संगिमा ।।
साठ दशक 'गीत' परंपरा जन्म सबोधा ।
उपमान नवल नव प्रतीक नवगीत गुंज पौधा ।।
गीतों संग चली बहार गजल सुसज्जित ।
सोम ठाकुर–कुँअर बेचैन–गोपाल दास 'नीरज' मज्जित ।।
काका हाथरसी–निर्भय हाथरसी–अवस्थी ब्रजेंद्र ।
उर्मिलेश शंखधार और सुरेश चतुर्वेदी केंद्र ।।
शिशुपाल सिंह 'निर्धन'–भारत भूषण ।
कविता हुई यथार्थवादी आभूषण ।।
लोक कल्पना उतर गोद धरती आई ।
कवि सम्मेलन मंच सज जन–मन छाई ।।
अर्थ – पूर्ण सज – धज क्षणिकाएँ ।
सरोजनी 'प्रीतम'–मिश्रीलाल जैसवाल छाएँ ।।
गद्य–पद्य साहित्य शिरोमणी पाए ।
डॉ. विद्यानिवास मिश्र साहित्य जगाए ।।

लेखक–कवि अनेक नवयुग उद्‌भव ।
वर्तमा –आशा–अध्ययन–चिंतन भव ।।

मनन – सृजन विषय उन्नयन उमगे ।
विद्वत – विदुषी भारतभूमि पुष्पित उगे ।।
भिन्न – विभिन्न मत मतांतर लेखन नेक ।
नारी – नर समीक्षक आलोचक अनेक ।।
छंदबद्ध – छंदमुक्त अतुकांत – हाईकू ।
जनक छंद – मुक्तक – गजल – हजलू ।।
हास्य – विरह राजनीति देश – प्रेम ।
चिंतन दलित – विमर्श विदेश – प्रेम ।।
लेख निबंध ललित लोक साहित्य सजा ।
पत्र–पत्रिका संस्कार साहित्य अमृत रचा ।।
अति सुखद सुमंगल बाल–काव्य ।
बाल साहित्य कहानी रूचि भाव्य ।।
लिखने लगे अनेक रचना कर ।
भाव कुमुद कोमल कुसुमाकर ।।
बुद्धि – शुद्धि समृद्धी बिखरी मन ।
बालक चमके पूर्ण चंद्र बन ।।
'नारी–विमर्श' अखिल विश्व जगा ।
नैसर्गिक गुण हाव–भाव उर पगा ।।
विलुप्त नारी अधिकार विदेशी राज ।
बिगुल बजा 'स्वतंत्रता जन्म सिद्ध साज' ।।
इक्कीसवीं सदी आई लेकर उन्माद ।
वैश्वीकरण आर्थिक उदारतावाद ।।
साहित्य ने करवट कुछ यूँ ली ।
हिंदी भाषा विश्व पटल फैली ।।

ओशो–ओशो

ऋषि तुल्य अनबोल बोल 'रजनीश' प्रवचन माने
रजनीश चंद्र मोहन 'ओशो' नाम इतिहास बखाने ।
अभिभूत धरा ब्रह्मांड–कोष ज्ञानी–ध्यानी पहचाने
शब्द–शब्द अनमोल अर्थ–संहिता शुचिता अनुमाने ।।
भंडार–ज्ञान गूढ़–सरल मानव–रहस्य सुलझाए
प्रेम–ईश–भक्ति–वारीश–ध्यान–कला गंतव्य बताए ।
गढ़ घोली गाथाएँ समझ राह जीवन मुस्काए
गहन–खोज अंतरिक्ष–सोच अध्यात्म–शिखर धाए ।।
'रजनीश' बोल–अनमोल वाणी भर दीने
अध्यात्म–सत्य–कैवल्य–प्राण जगती–जन दीने ।
वेद–पुराण–उपनिषद्–गीता–बुद्ध–महावीर चीने
ऋषि–मुनि–आत्म–शुद्धि प्रवचन भीने–भीने ।।
परम सुधी नारी प्रकृति अलख–निरंजन जाना
भक्ति–ध्यान–प्रेम अधिकारी प्रभु–द्वार माना ।
पंचतत्व की कला सुगढ़ दुस्तर राहें सुलझाना
कथा–कहानी रूपभरी जन–जीवन सरल बनाना ।।
तीन लाख संन्यासी तारे भवसागर पार कराना
त्याग–समर्पण सीढ़ी चढ़ मानव–मन मुस्काना ।
संस्कृत–मंत्रण वाणी गूँजी हुआ विभोर विश्व माना
अखंड–गूँज फैली धरणी पर आत्म–ज्ञान जाना ।।
ऋणी हुआ साहित्य–जगत् अमीय मिला उपदेश
साढ़े छह सौ कृतियाँ रच धन्य हुआ यह देश ।
स्मरणीय बानी अमर–बोल 'रजनीश' देश
सदियों तक आएँगे याद 'ओशो' देश–विदेश ।।
ले समाधि हो गए विलीन संसार–असार भया
मिला तेज से तेज समग्र ईश्वर भेद गया ।

आत्म–ज्योति साहित्य–सितारा हुआ ब्रह्मांड मया

ज्योतिर्मान हुआ जग सारा प्रकाश–पुंज 'ओशो' गया ।।
हुआ न कोई ऐसा ज्ञानी–ध्यानी 'ओशो' नाम कमाए
ज्ञान–मणि दीपक–भक्ति ज्ञानी जन भर–भर लाए ।
स्वयं तरे तारे अनेक भक्त सस्वर संज्ञाए
स्मृति सदियाँ सदा रखेंगी 'ओशो' ईश सहाए ।।

उद्बोधन

रचें-बुनें कविता कवि ध्यानी ।
बने भविष्य साहित्य अनुदानी ।।
हिंदी साहित्य करे भरोसा शुभभरा ।
भविष्य कवित्व साहित्यिक यशभरा ।।

लिखें कवित्त उच्च कोटि सकारात्मक ।
शिक्षार्थी-पाठक पढ़ हों करूणात्मक ।।
है विश्वास विज्ञान – उन्नति ।
भर देगी साहित्य ज्ञान – निधि ।।

भारत में फिर धार अमृत झर ।
काव्य – जगत् महके सागर भर ।।
भारत – भूमि भाषा हिंदी – प्रद ।
विश्व-स्थल हिंदी उन्मुक्त-प्रख ।।

सर्वप्रिय कथनीय कोमलांगी ।
जननी भाषा सब जन मांगी ।।
है पुकार गूँजे स्वर यश ।
राष्ट्रभाषा हिंदी विश्वश ।।

गौरवगाथा फिर यूँ गूँजे ।
आदि भाष्य हिंदी बन पूजे ।।
करें प्रनाम भारत – भारती ।
भाषा हिंदी भारतीय – आरती ।।

रजनी सिंह

पत्र पुष्प

रजनी सिंह
'साहित्यमाल' है ये

—डॉ. रामकृष्ण शर्मा, डी.लिट्.
आचार्य : साहित्य एवं भाषा
संप्रति : शोध निर्देशक
पूर्व हिंदी विभागाध्यक्ष
निवास : 257, स्नेहांचल,
तेजाब मिल कैम्पस, समीप अनवरगंज स्टेशन,
कानपुर–208003, उ.प्र.

आपने हिंदी साहित्य के लिए इतना अधिक लेखन कार्य किया है कि वह अपने आप में एक इतिहास है । आपके द्वारा प्रेषित की गई कृति 'हिंदी साहित्य का काव्यात्मक इतिहास' का आवरण और साज–सज्जा के साथ आपकी विहंसती छवि सब–कुछ सहज आकर्षण से भरा हुआ प्रस्तुतीकरण है ।

'हिंदी साहित्य का काव्यात्मक इतिहास' आज तक नहीं लिखा गया है । यह आपकी नई सूत्रात्मक खोज है । साहित्य के इतिहास से दूर भागने वाले अध्येताओं के लिए यह कृति मूल्यवान् है । इतिहास का आपने गहन अध्ययन करके, उसे काव्यात्मक बना दिया । यह सरल कार्य नहीं है, दुर्लभ और दुरूह है । इस कार्य को आपने अपने कवि–कर्म से सुलभ और सहज बनाकर जो प्रस्तुति की है, वह उस परंपरा की साक्षी भी है जिसमें मध्यकालीन साहित्य–जगत् में 'भक्तमाल' जैसे ग्रंथों का अवतरण हो चुका है । आपने पूरा 'साहित्यमाल' ही लिख दिया है । यह प्रशस्तता श्लाघनीय है । इस कृति को लिखने में आपको कितना समय लगा होगा, यह किसी मोती की माला संग्रथित करने वाले से ही समझा जा सकता है । आपके आवरण के अंतष्कोण में मुद्रित सीपी में मुक्ता का जन्म जैसा ही इस कृति का आविर्भाव लगता है । सीपी में मुक्ता का जन्म सहज लगता है, लेकिन होता नहीं है । लेखन में कितना श्रमसीकर स्रवित हो जाता है, यह उसे क्या मालूम, जो लेखक नहीं है । फिर यही श्रमसीकर कर्तृत्व मुक्ता के रूप में आविर्भूत होकर, 'हिंदी साहित्य का काव्यात्मक इतिहास', जैसा कृतित्व बन जाता है, यह उसे क्या मालूम ? जो लेखक नहीं है । लेख वह रेखा है, जो पाठक के अंतस् में चेतना को चीरती है और उसे सहृदय बनाकर ही छोड़ती है । आपकी इस कृति पर मुग्धता के साथ अनंत शुभकामनाएँ ।

एक नूतन परिकल्पना : गागर में सागर

—डॉ. शारदा प्रसाद
लेखिका एवं प्रधान सम्पादक :
ज्ञान स्पंदन (अर्द्धवार्षिक)
प्रधान संपादक : ज्ञान स्पदंन
हिन्दी विभाग, रामगढ़ महाविद्यालय
रामगढ़ कैंट (झारखण्ड)–829122

रजनी सिंह का कवयित्री मन जहाँ कविता करने में रमा है वहीं उन्होंने इससे इतर गद्यात्मक रचनाएँ भी भरपूर की हैं । कहानियाँ, उपन्यास, यात्रा–संस्मरण के साथ ही साथ बाल साहित्य पर भी लेखनी चलाई है ।

प्रस्तुत पुस्तक 'हिंदी साहित्य का काव्यात्मक इतिहास' उनके कवि मन को ही प्रदीप्त करता है । आचार्य रामचंद्र शुक्ल के 'हिंदी साहित्य का इतिहास' को आधार बनाकर इन्होंने हिंदी साहित्य के इतिहास की काव्यात्मक सर्जना करके एक अनूठा सृजन किया है जो संभवतः हिंदी पद्य साहित्य की इकलौती कृति है । किसी भी साहित्य का इतिहास लेखन श्रम साध्य कार्य है । हिंदी साहित्य के इतिहास के हजार वर्षों के इतिहास को कुछ ही पृष्ठों में रचकर 'गागर में सागर' भरने का जो कार्य किया है वह इनकी कारयित्री प्रतिभा की द्योतक है । हिंदी साहित्येतिहास वर्णन के बहाने इन्होंने हिंदी का गुणगान किया है । एक ओर जहाँ हम भारतवासी हिंदी बोलने में अपनी हीनता समझते हैं वहीं इन्होंने हिंदी का गुणगान करके राष्ट्रभाषा की प्रगति और प्रचार–प्रसार की कामना की है ।

कवयित्री कहती हैं–– भाषा है अनमोल रागिनी/हिंदी मातृभाषा मिश्री/मन की बातें सुनें सुनाएँ/बोलें हिंदी में हमजोली/प्रेम–नेह गरमाहट आँचल/माँ–समान हिंदी अनमोली/इसीलिए मन उमंग जगी/गाऊँ महिमा गुणगान करूँ ।

गद्य रूपी हिंदी साहित्य के इतिहास को काव्यात्मक स्वरूप प्रदान करने में माता हिंदी ने उन्हें अपने आँचल का अमृतदान किया । फलस्वरूप हजार वर्षों के इतिहास को नपी–तुली भाषा में सारगर्भित रूप में अभिव्यक्त करने में सफलता प्राप्त की ।

हिंदी साहित्य के विभिन्न कालखंडों–आदिकाल, वीरगाथा काल, भक्तिकाल, रीतिकाल, आधुनिक काल के विविध उत्थानों की विशद् विवेचना की गई है । आदिकाल खंड में इतिहास का सामान्य परिचय दिया गया है–

है इतिहास आदि–सृष्टि का/पर मैं कहूँ 'हजार' सदी का ।

पुस्तक में अपभ्रंश काव्य की चर्चा तो की ही गई है । साथ ही सिद्धों–नाथों की गाथा के साथ ही सामाजिक, सांस्कृतिक, राजनीतिक परिस्थितियों की सूचनात्मक अभिव्यक्ति की गई है । वीरगाथा काल में (संवत् 1050–1375 तक का) परिचय है (प्रकरण–3–4 में) । रासो साहित्य में वर्णित वीरता का उल्लेख के साथ ही साथ 'भट्ट केदार–मधुकर कवि, सिंघायच दयालदास,

जगनिक, श्रीधर प्रभृति कवियों का गुणगान किया गया है । वह भी अल्प शब्दों में । फुटकल रचनाएँ भी हैं तथा (संवत् 1375–1700 तक के) कालखंड में भक्तिकाल की निर्गुण–सगुण, ज्ञानमार्ग–प्रेममार्ग पर भी प्रकाश डाला गया है । रीतिकाल एवं आधुनिक काल के विविध सोपानों की चर्चा के साथ ही साथ कवियों का परिचय भी दिया गया है । कवयित्री ने इस बात का ध्यान रखा है कि किसी कवि का नाम न छूटे । नारी–विमर्श को भी इन्होंने नहीं छोड़ा है । दृष्टव्य है – अखिल विश्व जगा / नैसर्गिक गुण हाव–भाव उर पगा / विलुप्त नारी अधिकार विदेशी राज / बिगुल बजा 'स्वतंत्रता जन्म सिद्ध साज' / इक्कीसवीं सदी आई लेकर उन्माद / वैश्वीकरण आर्थिक उदारतावाद / साहित्य ने करवट कुछ यूँ ली / हिंदी भाषा विश्व पटल फैली ।

आधुनिक गद्य साहित्य परंपरा का प्रवर्तन खंड में गद्य साहित्य का प्रसार, सामान्य परिचय, काव्य की पुरानी धारा, नई धारा (प्रथम, द्वितीय एवं तृतीय उत्थान), छायावाद, उत्तर छायावाद, गीत–नवगीत, पर तो अपनी लेखनी चलाई ही साथ ही 'ओशो–ओशो' के माध्यम से ओशो ज्ञान–ध्यान पर भी परिचर्चा की है जो इस कृति को एक नया आयाम प्रदान करता है ।

'उद्बोधन' में साहित्य अनुदानी बनने, ज्ञान–विज्ञान के क्षेत्र में प्रगति की कामना के साथ ही साथ पुनः हिंदी का गौरवगान किया है । क्योंकि कोई भी देश बिना निजभाषा प्रगति के प्रगति नहीं कर सकता ना ही विश्व पटल पर हम प्रतिष्ठा पा सकते हैं न ही अपनी पहचान बना सकते हैं । अतएव इन्होंने इन शब्दों के साथ कृति की इति की है–है पुकार गूँजे स्वर यश / राष्ट्रभाषा हिंदी विश्वश / गौरवगाथा फिर यूँ गूँजे / आदि भाष्य हिंदी बन पूजे / करें प्रनाम भारत–भारती / भाषा हिंदी भारतीय–आरती ।।

भाषा का लालित्य मन को मोहता है किंतु तुक मिलाने के प्रयास में भाषा में कहीं–कहीं अनावश्यक जटिलता आ गई है । आवरण पृष्ठ की साज–सज्जा आकर्षक तो है ही । यह भी संकेत करता है कि साहित्य–जगत् का यह नवल–नूतन नील कमल एक नव्य परिकल्पना है । आशा है कि साहित्य–जगत् में इसका भरपूर स्वागत होगा तथा कवयित्री भविष्य में भी इसी उर्जा–उत्साह के साथ साहित्य श्री को समृद्ध करती रहेंगी ।

सारगर्भित–सर्वांगपूर्ण–सरल–सुबोध

–शंकर लाल माहेश्वरी
स्वतंत्र साहित्यकार
पूर्व जिला शिक्षा अधिकारी
पोस्ट आगूंचा, जिला भीलवाड़ा, राजस्थान
पिन : 311022

हिंदी साहित्य के इतिहास का काव्यात्मक रूप में इतना सारगर्भित, सर्वांगपूर्ण और सरल–सुबोध विवरण के प्रस्तुतीकरण की विशिष्टता ह्रदयग्राह्य और अनुपम है । साहित्य के आदिकाल से वर्तमान का सामयिक परिदृश्य अनूठा है । साहित्यकारों की कृतियों का उल्लेख मात्र ही नहीं अपितु उनकी भाषागत विशेषताओं तथा उनकी शिल्प–शैली पर भी विशेष प्रकाश डाला गया है ।

वस्तुतः यह काव्य कृति रामचंद्र शुक्ल द्वारा लिखित 'हिंदी साहित्य का इतिहास' पुस्तक पर आधृत काव्यात्मक कृति न केवल पाठकों को ही प्रभावित करती है बल्कि साहित्य के विद्यार्थियों व परीक्षार्थियों के लिए भी अनुपम उपहार है । विद्यार्थी प्रस्तुत पुस्तक की रसानुभूति के साथ ही तथ्यों की जानकारी को प्रगाढ़ता देने में सुविधा का बोध कर पाएँगे । काव्यात्मक रूप में प्रस्तुत इस पुस्तक द्वारा हिंदी साहित्य सागर में गहन अवगाहन कर पाठक आत्मतोष की अभिप्राप्ति कर पाएगा

पुस्तक में वर्णित कालक्रमानुसार साहित्यकारों के परिचयात्मक विवरण के साथ ही उनकी भाषा–शैली का वर्णन, भावों की अवस्था तथा समसामयिक समाज–दशा और भाषागत विशेषताओं की प्रस्तुति ज्ञानवर्धन में विशेष सहायक है । भाषा की सहज सरलता से पाठक निहीत विषय–वस्तु के आत्मीकरण में सरलता का अनुभव करता है ।

छायावाद, उत्तर छायावाद, प्रयोगवाद, तार सप्तक, नई कविता, अकविता, नवगीत आदि की भाव–भूमि को सरल शब्दावली में प्रकट कर पाठकों को साहित्य की नवीनतम विधि–विधाओं से परिचित कराने का प्रयास स्तुत्य है । विदूषी कवयित्री श्रीमती रजनी सिंह ने अपने अथक प्रयास से 'हिंदी साहित्य का काव्यात्मक इतिहास' पुस्तक के माध्यम से साहित्याकाश के दैदीप्यमान नक्षत्रों को अवतरित कर साहित्य–जगत् को आलोकित करने का सफल प्रयास किया है ।

आपने अपनी रचना–कुशलता से पुस्तक को मूल्यवान् बनाया है । काव्य–पंक्तियों में सूक्ष्म–दृष्टि, पूर्णता तथा तथ्यपरक भावों की अभिव्यक्ति परिलक्षित होती है ।

श्रीमती रजनी सिंह गहन अध्येता, मेधावी नारी रत्न, कुशल शिल्पकार, श्रेष्ठ रचनाधर्मी और एक कुशल काव्यकार हैं । इस मूल्यवान् काव्य–कृति के लेखन पर आपको साधुवाद ! वस्तुतः आपने शेक्सपीयर की इस पंक्ति को सार्थक कर दिखाया– 'इस संसार में कुछ लोग महान् पैदा होते हैं और कुछ पर महानता थोपी जाती है तथा कुछ लोग महानता को सतत कर्मशीलता तथा सतत प्रयासों से अर्जित करते हैं ।' आपने भी महानता अपने सद् प्रयासों से अर्जित की है जो सभी साहित्य–साधकों के लिए उत्प्रेरक है । बधाई !

काव्यात्मक इतिहास—अनूठा प्रयास

—डॉ. चंद्र प्रकाश आर्य
साहित्यकार एवं कवि, एम.ए., पी-एच.डी.
अध्यक्ष, हिन्दी विभाग, वर्द्धमान कॉलेज, बिजनौर (उ.प्र.)
निवास : बी—14, नई बस्ती, बिजनौर, उ.प्र.

हिंदी साहित्य के इतिहासों में आचार्य रामचंद्र शुक्ल कृत 'हिंदी साहित्य का इतिहास' की श्रेष्ठता असंदिग्ध है । आचार्य शुक्ल के इसी इतिहास को रजनी सिंह ने 'हिंदी साहित्य का काव्यात्मक इतिहास' शीर्षक से पद्यबद्ध किया है । गद्य और पद्य—दोनों में अबाध रूप से साहित्य-सृजन करने में सिद्धहस्त रजनी सिंह का हिंदी साहित्य में यह सर्वथा नवीन और अनूठा प्रयास है । कवयित्री के हृदय में मातृभाषा हिंदी के प्रति उमड़ने वाला स्नेह, स्नेहशील माता के आँचल से छलकने वाले ममत्व से कम नहीं है । उसका यही निश्छल अनुराग इस अनुपम कृति के प्रणयन का आधार है । कवयित्री की दृष्टि प्रख्यात् साहित्यकारों तक ही सीमित नहीं रही है अपितु उसका ध्यान चंडीप्रसाद 'हृदयेश', सत्यनारायण 'कविरत्न', रामचरित उपाध्याय, लोचन प्रसाद पाण्डेय, अनूप शर्मा, भोलानाथ शर्मा प्रभृति उन साहित्य-साधकों और सेवकों की ओर भी गया है, जो विस्मृति के गर्त में खो चुके हैं । उसने आचार्य शुक्ल द्वारा उल्लिखित साहित्यकारों और तथ्यों के साथ-साथ हिंदी साहित्य के नवीन पक्षों का स्पर्श करते हुए उनको कुशलता पूर्वक पद्यबद्ध किया है । आशा है आचार्य शुक्ल के इतिहास की भाँति रजनी सिंह का प्रस्तुत काव्यात्मक इतिहास भी हिंदी-साहित्य-संसार में समादृत होगा—

रजनी सिंह प्रणीत मिला, काव्यात्मक इतिहास ।
काव्य-जगत् में यह सर्वथा, है नवीन प्रयास ।।
इस अनुपम प्रयास निमित्त, कृतज्ञ काव्य-संसार ।
सहृदयजन प्रमुदित हुए, हृदय हर्षित अपार ।।
काव्यात्मक इतिहास से, खिले अतीत के भाग ।
अंतर्मन में फिर जगे, साहित्यजन के त्याग ।।
ईस कृपा शुभ योग से, चमक रहा इतिहास ।
रजनी यश-सुरभि संचरे, यही हमारी आस ।।
निज भाषा फूले-फले, गुंजित चारों धाम ।
रजनी सिंह का सार्थक, हो यह अनुपम काम ।।

हिंदी भाषा हित किया

–डॉ. ललित सिंह राजपुरोहित
लेखक एवं साहित्यकार
राजभाषा अधिकारी
एम.आर.पी.एल.
मंगलरू–30 (कर्नाटक)

'हिंदी साहित्य का काव्यात्मक इतिहास' वस्तुतः श्रीमती रजनी सिंह द्वारा हिंदी छंद के मार्फत साहित्य के इतिहास को गागर में सागर समेटने तथा समग्रता के साथ पुनः स्थापित करने का एक सफल प्रयास है । हिंदी साहित्य के उद्‌भव और विकास–यात्रा के विस्तृत फलक पर समाविष्ट महत्वपूर्ण दस्तावेजों को काव्य के माध्यम से पुस्तकाकार रूप देना एक कठिन और श्रम साध्य कार्य है । मैं आश्वस्त हूँ कि भविष्य में यह पुस्तक शोधार्थियों के लिए एक मील का पत्थर साबित होगी। पुस्तक में आदिकाल से लेकर नई पीढ़ी के लगभग सभी रचनाकारों के इतिहास एवं रचना साहित्य को शामिल किया गया है । इससे स्वतः दोहों/छंदों/पद्य की यात्रा एवं विकास का भान हो जाता है । शायद ही कोई रचनाकार यह भूल सकता है कि हिंदी कविता के इतिहास में रीतिकाल, भक्तिकाल, वीरगाथा काल तथा आधुनिक काल के कवि एक दूसरे के पर्याय हैं ।

पद्य/दोहों को अपनी तुकों, मात्राओं और लय के कारण ही नहीं बल्कि अपने भीतर छुपे गूढ़ दर्शन और जनहित के लिए दिए गए संदेशों और शिक्षाओं के लिए भी प्रमुखता से जाना जाता है । आज पद्य/दोहों का प्रयोग हल्के, चलताऊ जुमलों या नारों की तरह तालियाँ बटोरने के लिए हो रहा है । किंतु, दोहों के गुणों की इस कसौटी पर श्रीमती रजनी सिंह इस पुस्तक में खरी उतरती हैं, उन्होंने सरल एवं सौम्य भाषा का प्रयोग किया है जिससे यह हर किसी को आसानी से समझ में आते हैं, इसकी भाषा लोक–भाषा है पर इसके अर्थों की कई पर्तें भी हैं । पुस्तक के कुछ पद्य/दोहे–

'अक्षर अनन्य सत्रह सौ दस, योगी वेदांती दतिया कायस्थ ।।
विस्तृत ज्ञान शिष्य छत्रसाल, हाजिर–जवाब विरक्त जग–जाल ।।'
'जन्म वैश्यकुल भाद्र शुक्ल उन्नीस सौ सात ।
हिंदी भाषा हित किया जीवन भर प्रभात ।।'

लगभग 190 पृष्ठों से सुसज्जित हिंदी साहित्य का काव्यात्मक इतिहास पर केंद्रित यह पुस्तक, पाठकों को हिंदी साहित्य के कई सिद्ध रचनाकारों की जीवन–गाथा से रू–ब–रू होने का मौका देती है । नए दोहाकारों को सीखने के लिए अंक में पर्याप्त सामग्री है तथा जो विद्यार्थी इस दिशा में शोध कर रहे हैं उनके लिए तो यह पुस्तक गागर में सागर है ।

साहित्येतिहास की काव्यात्मक वस्तुनिष्ठता

—डॉ. सूर्यप्रसाद शुक्ल, डी.लिट्.
प्रतिष्ठित लेखक एवं साहित्यकार
निवास : 119 / 501, सी–3,
दर्शनपुखा, कानपुर–208012 (उ.प्र.)

अतीत की घटनाओं और तथ्यों का परिनिश्चित और सुसंबद्ध— कालक्रमानुसारी श्रंखलाबद्ध वर्णन इतिहास है । समाज की सभी गतिविधियाँ इस अध्ययन का विषय हो सकती हैं । साहित्य भी समाज का शब्दमय संसार होता है, अतः इसका भी तथ्यमय, वस्तुनिष्ठ निरूपण कालक्रमानुसार—ऐतिहासिकता के साथ किया जा सकता है । अनेक विद्वानों ने हिंदी साहित्य के इतिहास को अपने–अपने ढंग से लिखा है ।

रजनी सिंह ने भी इस विषय का स्पर्श—अपनी प्रतिभा के विविध आयामों पर आरूढ़ होकर करने का प्रयत्न किया है । उनकी पुस्तक 'हिंदी साहित्य का काव्यात्मक इतिहास'—ऐतिहासिक और साहित्यिक घटनाओं का, अनेक आंदोलनों का और अनेक शिल्पों और शैलियों का समय के साथ आगे बढ़ते हुए वर्तमान तक पहुँचने का पद्यमय प्रणयन है । जिसमें पद्यात्मक प्रबंधात्मकता का वस्तुनिष्ठ सृजन आत्मपरक वैचारिकता के साथ किया गया है । यद्यपि यह इतिहास दर्शन नहीं है, किंतु विभाग विशेष और प्रकृति विशेष व्याख्या का आधार अवश्य बने हैं । जिनमें समयानुसारी सातत्य है, साहित्यिक तत्वों की गति–प्रगति का वर्णन है तथा कहीं–कहीं मीमांसा भी है ।

रजनी सिंह का काव्यात्मक साहित्येतिहास कुछ महत्वपूर्ण विशिष्टताओं के साथ प्रस्तुत हुआ है । उन्होंने अपनी भाषा और बोली का मंगल स्तवन किया है । आचार्य रामचंद्र शुक्ल, श्यामसुंदरदास और नगेंद्र के योगदान को सराहा है और अपभ्रंश से होते हुए नाथ, जैन और रासो काव्यों का स्मरण किया है । संत परंपरा और उसका साहित्य को योगदान, वीरगाथा काल के कवियों की काव्यात्मक प्रवृत्तियों का वस्तुनिष्ठ वर्णन, रामानुजाचार्य का समाज और साहित्य को प्रदेय, अनेक संत कवियों की रचनाओं की विशेषताओं का पद्यात्मक वर्णन भी इस पुस्तक में है ।

रीतिकाल हिंदी साहित्य का भाव संसार रहा है । सौंदर्य और प्रेम की रसस्विनी का प्रवाह इस काल में जिस हृदयहारी काव्यात्मकता में हुआ है वह उसकी विशेषता है । रजनी सिंह ने ब्रजभाषा के स्वर्णकाल के रूप में इस काल का मूल्यांकन किया है । उनकी काव्यात्मकता में इस काल के कवियों को साहित्यिक विशेषताओं और गुणवत्ताओं के साथ प्रस्तुत किया गया है । इस काल के महत्वपूर्ण कवियों का परिचय तथा उनकी रचनाओं की नामावली भी इस पुस्तक में प्राप्य है ।

आधुनिक काल हिंदी भाषा के गद्य साहित्य के उत्कर्ष का समय माना जाता है । इस लेखिका ने भी मुंशी सदासुख लाल, लल्लूलाल और इंशाअल्ला खाँ आदि के साथ ही अनेक प्रारंभिक लेखकों को भी सराहा है तथा भारतेंदु के समय से होते हुए महावीर प्रसाद द्विवेदी और उनके समकालीनों तक पहुँचकर गद्य साहित्य की विधाओं यथा लेख, निबंध, कहानी, उपन्यास, समालोचना आदि के ऐतिहासिक महत्व और लेखकों, कवियों और रचनाकारों का वर्णन किया है ।

इस काव्यात्मक प्रणयन में छंद युक्त और छंद मुक्त काव्य, गीत, नवगीत, अगीत आदि का भी नाम लिया गया है तथा साहित्यिक आंदोलनों, कालक्रमानुसारी प्रवृत्तियों आदि का भी वर्णन किया गया है ।

    रजनी सिंह का साहित्येतिहासिक अध्ययन प्रौढ़ है । उन्होंने ऐतिहासिक तथ्यों, घटनाओं, नामों और कालगत विशेषताओं से युक्त लयात्मकता का निर्वाह करते हुए प्रायः अन्यानुप्रास से युक्त रचनाओं का प्रणयन किया है । यह पुस्तक जिज्ञासु साहित्यनिष्ठ पाठकों को तो विषयवस्तु से परिचय कराएगी ही विद्यार्थियों को भी कविता के रूप में कंठस्थ करने का उपादेय साधन बनेगी ।

हिंदी साहित्य का काव्यात्मक इतिहास
पहली बार

—नंद किशोर बावनियाए, प्रतिष्ठित लेखक
63, सरस्वती नगर, धार–454001 (म0प्र0)

हिंदी साहित्य का इतिहास तो पढ़ा लेकिन हिंदी साहित्य का काव्यात्मक इतिहास जीवन में पहली बार पढ़ने का सौभाग्य प्राप्त हुआ । यह सौभाग्य आदरणीय रजनी जी के माध्यम से प्राप्त हुआ । रजनी जी न केवल एक साहित्यकार हैं वरन् साहित्य की विधाओं का एक खजाना हैं । यह दुर्लभ प्रयास इन्हीं के द्वारा किया गया है । इस प्रयास वृक्ष के फल और फूल साहित्य–जगत् में साहित्यकारों के मार्गदर्शक और ज्ञान वृद्धि में अवश्य सहायक होंगे, ऐसी आशा है । रजनी जी इस दुःसाध्य प्रयास के लिए अपना एक अलग स्थान रखती हैं ।

प्रथम पायदान में 'हिंदी है सिंधु से जगी' के रूप में उसका महत्व प्रतिपादित किया है । हिंदी अपभ्रंशों से प्रारंभ होकर आदिकाल और फिर मध्यकाल में मुंज, राजाभोज और शारंगधर तक फली–फूली । बौद्ध धर्म का प्रवर्तन, मुसलमानों का भारत आगमन, महान् योगी गोरखनाथ की माया, उनके समय का संघर्ष, सधुक्कड़ी भाषा, ब्रजभाषा, भारतीय भाषाओं पर पश्चिमी प्रभाव का भी सुंदरता से काव्यमय वर्णन किया गया है । 'रासो' लेखन का चलन, चंदबरदाई, जगनिक, दयालदास, श्रीधर आदि हैं तो 'पृथ्वीराज रासो' और 'आल्हा खंड' ने जनता में जोग जगाया ।

भक्तिकाल में ज्ञान का दीप जला । निर्गुण–सगुण, ज्ञानाश्रयी–प्रेमाश्रयी आदि संतों ने और सूफियों ने अपने विचारों से समाज को प्रभावित किया । इन सबका काव्यमय वर्णन रजनी जी ने किया है । रामभक्त और कृष्णभक्त कवियों ने हिंदी साहित्य को शिखर पर पहुँचाया । इसी से यह 'स्वर्णयुग' कहलाया । इन सबको रजनी जी ने बखूबी अपने काव्य में उभारा है ।

रीतिकाल के कुछ कवि ऐसे भी प्रकाश में लाए गए हैं जिनसे अधिकांश जन परिचित नहीं थे । रजनी जी ने उन्हें भी इतिहास का माध्यम बनाया है ।

आधुनिक काल तो बहुत विस्तृत है । इसको समेटने का काम कठिन है । फिर भी लेखिका ने उन्हें वर्गीकृत करके सभी पर प्रकाश डालने का प्रयास किया है । क्योंकि उन सभी साहित्यकारों ने हिंदी साहित्य को समृद्ध करने में महान् योगदान दिया है । कुछ प्रत्यक्ष रहे हों या कुछ अप्रत्यक्ष । हिंदी उनकी आभारी है । और हम भी ।

भारतेंदु हरिश्चंद्र, प्रतापनारायण मिश्र, बालकृष्ण भट्ट, महावीर प्रसाद द्विवेदी, मैथिलीशरण गुप्त, बख्शी जी, जयशंकर प्रसाद, निराला, पंत जी आदि महान् लेखकों ने हिंदी साहित्य को समृद्ध किया । यह परंपरा आज भी जारी है । मुक्तिबोध ने कविता को जन–जीवन से जोड़कर नया आयाम दिया ।

आदरणीय रजनी जी ने एक साहित्यिक धागे में बहुमूल्य मनकों को पिरोकर एक शानदार काव्यमाला तैयार की है, जो प्रेरणादायक, मार्गदर्शक एवं संग्रहणीय कृति के रूप में विद्यमान रहेगी

काव्य में ढला——हिंदी साहित्य चला

–बद्री नारायण तिवारी
संयोजक / अध्यक्ष, मानस संगम
निवास : 38 / 24, प्रयाग नारायण शिवाला
कानपुर–208001 (उ0प्र0)

आपने 'हिंदी साहित्य का काव्यात्मक इतिहास' जिस निष्ठा तथा श्रमपूर्वक हिंदी का क्रमानुसार आदिकाल, वीरगाथा काल, भक्तिकाल (पूर्व मध्यकाल), रीतिकाल, आधुनिक काल (गद्य खंड) पर काव्यात्मक विवेचना की है । वस्तुतः आप बधाई की पात्र हैं । गद्य साहित्य को भी तीनों भागों में विभाजित किया है । अंत में छायावाद को पृथक से विभाजन करके उसके स्वरूप को निखारा है ।

आपने जिन गूढ़ हिंदी के स्वदेशी साहित्यकारों के साथ दुर्लभ विदेशी साहित्य मनीषियों का काव्यात्मक रूप में परिचय दिया है– आपकी सजगता को दर्शाता है ।

'फ्रेडरिक पिंकाट हिंदी–प्रेमी साहित्य–श्रम किया ।
सत्य–भाव हिंदी–संस्कृति उच्च स्थान दिया ।।'

वर्तमान द्विवेदी युग के जनक पं. महावीर प्रसाद द्विवेदी जिन्होंने विश्व में हिंदी प्रचलन 'खड़ी बोली' के नाम से करोड़ों लोगों को मान्य हुई–

'पं. महावीर प्रसाद द्विवेदी बने साध्य सहाई ।
पथ बतलाया स्वयं सुधारी व्याकरण भाषाई ।।'
.... द्विवेदी जी सानिध्य रह मधुर हिंदी पुकारें ।

इसके पूर्व पं. प्रतापनारायण मिश्र के प्रति–

'पद चिह्नों पर चले स्वछंद गति ।
कहावतें–मुहावरे विनोदशील मति ।।'
पं. बालकृष्ण भट्ट के प्रति–
'खरी–खरी कहीं मनोरंजक भई ।
पुरातन संघर्ष में लिपटी नवीन दई ।।'

तभी भारतेंदु हरिश्चंद्र ने देश में हिंदी का परचम लहराया–

'भविष्यवाणी हो गई सार्थक पं. श्रद्धाराम भरी ।
भारतेंदु हरश्चिंद्र काशी पुरोधा साहित्य परी ।।'
'गद्य प्रवर्तक' वर्तमान संस्कारमयी भाषा ।
पद्य निखार प्राचीन इधर भाषा ब्रजी तराशा ।।'....

पं. बालकृष्ण भट्ट की पंक्तियों में प्रांजल भाषा–

'खरी–खरी कहीं मनोरंजक भई ।
पुरातन संघर्ष में लिपटी नवीन दई ।।'

इसके बाद हिंदी विकास–यात्रा में अनेक वादों का जन्म हुआ । जिनका विदुषी रजनी सिंह

काव्य में विस्तृत वर्णन रोचक ढंग से अंत में प्रस्तुत करते हुए कहती हैं–

'.....साहित्य ने करवट कुछ यूँ ली ।
हिंदी भाषा विश्व पटल फैली ।।'

उसके व्यापक स्वरूप में चिंतन दलित विमर्श, विदेश–प्रेम, लोक साहित्य, नारी अधिकार, बाल–साहित्य, हास्य, विरह, राजनीति, देश–प्रेम–

'इक्कीसवीं सदी आई लेकर उन्माद ।
वैश्वीकरण आर्थिक उदारतावाद ।।'

इस दिव्य काव्य–कृति के प्रति मनीषी डॉ. योगेंद्र नाथ शर्मा 'अरूण' के शब्दों में ही मैं भी पूर्ण समाहित हूँ –

'रजनी सिंह ने कर दिया, दिव्य अनूठा काम !.....
ढाल दिया है काव्य में, हिंदी–काव्य–इतिहास !'

यह ग्रंथ संजीवनी बूटी

–डॉ. पी.आर. वासुदेवन 'शेष', डी.लिट्.
उच्च कोटि के साहित्यकार, हिंदी अधिकारी
Office of the Pr. Accountant Feneral (A&E)
361, Anna Salai, Teynampet, Chennai-600018
निवास : जी4, अक्षय फ्रलैट्स, 53, इरुसप्पा स्ट्रीट,
निकट आइस हाउस, ट्रिप्लीकेन, चेन्नई–600018

आपके 'हिंदी साहित्य का काव्यात्मक इतिहास' ग्रंथ को आरंभ से लेकर अंत तक पढ़ा है । डॉ. योगेंद्र नाथ शर्मा 'अरूण' जी की इन पंक्तियों ने पूरे ग्रंथ की समीक्षा कर दी है—

'रजनी सिंह ने कर दिया, दिव्य अनूठा काम !
चमकेगा दिन–रात अब, हिंदी–जग में नाम !!'

मैं भी श्रद्धेय 'अरूण' जी की इन पंक्तियों से सहमति व्यक्त करता हूँ–

'माँ वागीश्वरी का मिले, लेखनी को वरदान !
हिंदी–जग में हो अमर, रजनी सिंह का नाम !!'

जैसा कि इस ग्रंथ में पढ़कर यह जान पड़ता है कि हिंदी की विशाल परंपरा को और भी समृद्ध करते हुए खड़ी बोली, ब्रज, अवधी के रचनात्मक साहित्य का सृजन हुआ है ।

कहना न होगा कि सूचना और प्रोद्योगिकी तकनीकी, बेव, इंटरनेट के युग में संक्षिप्तीकरण की कला का अपना स्थान निरोपित है । गंभीर विषयों, ज्ञानार्जन से ओत–प्रोत यह ग्रंथ जो 128 पृष्ठों में समाहित है । प्रशंसनीय एवं सराहनीय है । जान पड़ता है कि लेखिका ने अथक परिश्रम कर ग्रंथ का सृजन–प्रकाशन किया है । कहना न होगा कि ग्रंथ गागर में सागर है । मेरे लिए किसी भी काव्य को छोड़ना कठिन बन पड़ा है । चाहे आधुनिक काल का परिचय हो अथवा गद्य साहित्य की वर्तमान गति, उपन्यास, कहानी, नाटक सभी को इस ग्रंथ में बखूबी समेटा है । मेरे लिए यह ग्रंथ संजीवनी बूटी का कार्य कर रहा है । अन्य प्रबुद्ध पाठकों के लिए यह निश्चित तौर पर रामबाण सिद्ध होगी, ऐसा मेरा अटूट विश्वास है ।

रजनी जी ! अपनी कलम से साहित्य की श्री वृद्धि में योगदान दे रही हैं । लेखिका की कलम यूँ ही चलती रहे और हम पाठक–वृंद इससे लाभान्वित होते रहें यही ईश्वर से विनती है, यही शुभकामनाएँ हैं।

हृदय का उच्छ्वास है यह कृति

—डॉ. विद्या विनोद गुप्त, डी.लिट्. (यू.एस.ए.)
साहित्यकार एवं कालजयी कृतियों के सर्जक
पूर्व प्राचार्य, निवास : सावित्री सदन, 5/7, सरदार पटेल मार्ग,
चांपा–495671 (छत्तीसगढ़)

'हिंदी साहित्य का काव्यात्मक इतिहास' एक सर्वोपयोगी शोध–ग्रंथ है ।

हवा–पानी, अग्नि–प्रकाश और सूर्य–चंद्र–तारों से चमकते आकाश से भी अधिक उपयोगी है– हिंदी । हिंदी स्वयं शब्द ब्रह्म है और शब्द ब्रह्म की उपासिका–प्रणेता हैं रजनी सिंह ।

भारत एवं भारत के बाहर अनेक विदेशों में भी हिंदी के प्रचार एवं प्रसार कर महत्वपूर्ण योग देने वाली रजनी सिंह कविताधर्मिता की पोषिका भी हैं । इसीलिए आचार्य पं. रामचंद्र शुक्ल रचित हिंदी साहित्य के इतिहास को आधार मानकर हिंदी साहित्य का काव्यात्मक सृजन कर अपनी कृति को यश और गौरव की नई ऊँचाई प्रदान की है । विस्तृत एवं विशाल–ग्रंथ को संक्षिप्त, सारगर्भित, सहज, सरस, आस्वाद और ज्ञानोन्मेषक रूप प्रदान किया है । कविता तो हृदय का उच्छ्वास है । अतः रजनी सिंह ने अपनी कृति के अनुक्रम को 'उच्छ्वास के आलोक में' भव्यता एवं दिव्यता प्रदान की है ।

इस कृति में मौलिक चेतना है । भाषाई अभिव्यंजना है । मधुर भावों की संवेदना है और है 'मामेकं शरणं' की संदर्शना ।

सत्यं–शिवं–सुंदरम् की सहज अभिव्यंजना तथा वैदुष्य जगत् को प्रभावित करने वाली इस कृति में प्रमाणिकता एवं काल्पनिकता के मिश्रण में नीर–क्षीर विवेक तथा मधुर भावों का प्रयोग एक चमत्कार ही तो है ।

साहित्य–जगत् में यह अभिनंदनीय कृति स्वागतेय है और कवयित्री रजनी सिंह सुआशीर्वाद सहित साधुवाद एवं बधाई की पात्र हैं ।

संदेश ग्रंथ का प्यारा

—डॉ. जगदीश गाँधी
संस्थापक–प्रबंधक, सिटी मॉन्टेसरी स्कूल, लखनऊ
हैड ऑफिस : 12, स्टेशन रोड, लखनऊ

हिंदी साहित्य का काव्यात्मक इतिहास प्रेरणादायी कृति है । हिंदी साहित्य के उद्भव और विकास–यात्रा को एक पुस्तक का रूप देना सचमुच एक कठिन साहित्य–साधना से ही संभव है । इस काव्य–कृति में आपने अपनी दिव्य लेखनी तथा आत्मा के आलोक को उड़ेल दिया है । हिंदी साहित्य के काव्यात्मक इतिहास को सरल, सरस तथा हृदयग्राही काव्य–भाषा में उपलब्ध कराना अपने आप में एक भगीरथ प्रयास है । आपकी हिंदी साहित्य साधना को शत–शत नमन है–

'साहित्य यज्ञ समर्पित समिधा, शब्द–शब्द बूटी जड़ी ।
कूट पीस भावों की चाकी, संस्कृति पगी लड़ी ।।'

आप जैसी महान् एवं हिंदी भाषा को पूरे मनोयोग से समर्पित लेखिका के सम्मान में कुछ पंक्तियाँ सादर प्रस्तुत हैं–

'दूँ शांति सदा वसुधा को
जो है नित लक्ष्य हमारा ।
अब नवल धरा तक पहुँचे
संदेश पवित्र ग्रंथों का प्यारा ।।'

'है आत्म–तत्व अति न्यारा
समरूप सभी के भीतर ।
क्यों किंतु विषम बँटवारा
स्वार्थी मानव लेता कर ।।'

नई युक्ति-प्रशंसनीय

-हरचरन सिंह सूदन
मुख्य अधिकारी, भारतीय गौरव परिषद्
निवास : 69/11, आर.एस. पुरा, जम्मू-181102

आपकी नवीन पुस्तक 'हिंदी साहित्य का काव्यात्मक इतिहास' का एक-एक पृष्ठ क्रमशः पढ़कर ज्ञात हुआ कि आपने किस खूबी से इतने विशालकाय हिंदी साहित्य के इतिहास को कवित रूप में प्रस्तुत कर सचमुच गागर में सागर भरने वाली कहावत को चरितार्थ किया है ।

यदि हम गद्य रूप में हिंदी साहित्य को लिखने लगें तो वास्तव में कई पुस्तकें लिख दी जाएँ, परंतु आपने काव्य-रूप में अति संक्षिप्त भाव से इसका उल्लेख किया है ।

ऐसा प्रतीत होता है कि आपने अपनी लेखनी को बहुत ही व्यवस्थित ढंग से उपयोग किया है कि कहीं कोई एक भी शब्द भाव से इधर-उधर न भटक जाए ।

एक विशेष बात यह देखने में आई है कि आपकी प्रत्येक काव्य-कृति अपने आप में अलग है । अर्थात हर कृति में आपने नई युक्ति प्रस्तुत की है । जो कि प्रशंसनीय है ।

सहज–सरल व भाववाही काव्य–धारा

–सुरेश उपाध्याय
साहित्यकार–निदेशक (संस्कृत शिक्षा एवं शोध)
भारतीय विद्या भवन
कुलपति मुंशी मार्ग, मुम्बई–400007

'हिंदी साहित्य का काव्यात्मक इतिहास' पढ़कर प्रतीत हुआ कि प्राकृत, अपभ्रंश, देशभाषा, सिद्ध–पद, वीरगाथा, भक्ति–वाणी, निर्गुण–सगुण–वार्धैमय, सूफी–कवन, रीतिकालीन–साहित्य और आधुनिक काल का गद्य–लेखन एवं काव्य–सृजन..... इस प्रकार सहस्राधिक वर्षों में हिंदी–भाषा के माध्यम से पूर्वसूरियों के द्वारा प्रदान की गई अनमोल विरासत का आपने सहज–सरल व भाववाही काव्य–धारा में निरूपण करके हिंदी साहित्य के अध्येताओं के लिए सचमुच गागर में सागर भर दिया है । इस श्रम साध्य एवं साहित्य–प्रीति–जनित ललित–कृति के लिए आपको हार्दिक अभिनंदन प्रस्तुत करता हूँ ।

आपके लेखन–कवन की स्त्रोतस्विनी साहित्य–रत्नाकर को ऐसे ही समृद्ध करती रहे, यही शुभकामनाएँ ।

काव्यात्मक साहित्यिक इतिहास नव प्रयोग के रूप में

–प्रकाश सूना
साहित्यकार
निवास : 187–बी, मुलीधर सदन,
गाँधी कॉलोनी (निकट गाँधी वाटिका)
मुजफ्फरनगर–251001 (उ.प्र.)

'हिंदी साहित्य का काव्यात्मक इतिहास' कृति 'उच्छ्वास के आलोक में' से प्रारंभ कर 'उत्तर छायावाद' तक की यह काव्यात्मक साहित्यिक इतिहास की यात्रा निःसंदेह नव प्रयोग के रूप में हिंदी साहित्य में अंकित की जाएगी, ऐसी आशा ही नहीं पूर्ण विश्वास है । विभिन्न पड़ावों से गुजरते हुए जब पाठक रचनाओं को आत्मसात् करता है तो आपके श्लाघनीय, शोधपरक कल्पनाओं व काव्यात्मकता के प्रति निष्ठावान हो जाता है । और डॉ. योगेंद्र नाथ शर्मा 'अरूण' के विचारों के समर्थन में स्वयं को खड़ा पाता है ।

हिंदी साहित्य के इतिहास का काव्यात्मक लेखन एक दुरूह कार्य–सा लगता है, लेकिन आपने सहज व गुणवत्ता के साथ इसका निर्वाह किया है, यह अत्यंत प्रशंसनीय है ।

आपको इस संग्रह के लिए ढेरों बधाइयाँ एवं शुभकामनाएँ । आपके द्वारा हिंदी साहित्य की श्री वृद्धि होती रहे, इन्हीं मंगल कामनाओं के साथ ! शुभाकांक्षी ।

अद्भुत पुस्तक है

—माला वर्मा
प्रतिष्ठित महिला साहित्यकार एवं कई पुस्तकें प्रकाशित
हाजी नगर, 24–परगना (उत्तर), पं0बंगाल–743135

आपकी नई पुस्तक 'हिंदी साहित्य का काव्यात्मक इतिहास' पढ़ी और मैं आश्चर्यचकित व अभिभूत रह गई । इस तरह भी रचना की जा सकती है ? अद्भुत विलक्षण प्रतिभा की धनी हैं आप ! मैंने अब तक सैंकड़ों पुस्तकें पढ़ी हैं पर इस तरह की नायाब चीज मैंने नहीं देखी थी । किस तरह और कैसे अंजाम दिया आपने ? रियली मैं आपके सामने नतमस्तक हूँ । एक नहीं सैंकड़ों कवियों के नाम आपने लिखे हैं और वो भी छंद–युक्त । ये अपने आप में विरल है । आपका नाम साहित्य–जगत् में बहुत ऊपर तक जाएगा, वैसे भी जिसने आपको पढ़ा है, वो तो दंग होगा ही । आपने इसे कैसे मूर्त रूप दिया ? मैं तो हैरान हूँ ।

सच कहूँ रजनी जी, तो इतने नामों से मैं खुद वाकिफ न थी । जब पढ़ा तब जाना । अद्भुत पुस्तक है, जिसका साहित्य–जगत् में जोर–शोर से प्रचार–प्रसार होना चाहिए ।

ऐतिहासिक संदर्भ–ग्रंथ का वरदान

–डॉ. रामानुज मिश्र
साहित्यकार एवं 2 कृति प्रकाशित
रानी लक्ष्मीबाई महाविद्यालय, निवास : मझुई, मधुपुर, सोनभद्र

आप द्वारा सृजित 'हिंदी साहित्य का काव्यात्मक इतिहास' मनोयोग से पढ़ा । निश्चय ही इस रचनात्मक निर्माण में अमूल्य श्रम–पुंज लगा है । 'हिंदी साहित्य का काव्यात्मक इतिहास' साहित्य–अध्येताओं के लिए सुगम माध्यम बनेगा । साहित्य के आरंभिक जिज्ञासुओं के लिए यह ऐतिहासिक संदर्भ–ग्रंथ वरदान साबित होगा । अपभ्रंश काल से लेकर अद्यतन हिंदी साहित्य की जानकारी देना, आपके अप्रतिम रचना–कौशल का परिचायक है । सुगम और सरल रूप से छंदोबद्ध– रचना विषय को रोचक बनाता है ।

सकारात्मक–चिंतन का बोधप्रद प्रयोग

—प्रा. डॉ. प्रकाश वि. जीवने
साहित्यकार, संचालक : वत्सल निधि
निवास : 158—चंडिका नगर—2,
मानेवड़ा—बेसा रोड, नागपुर—440027 (महाराष्ट्र)

'हिंदी साहित्य का काव्यात्मक इतिहास' किताब वाकई श्रेष्ठ बन पड़ी है । हिंदी साहित्य—जगत् में प्रथम बार इस नवीनतम धारा का प्रयोग अपने आप में प्रेरणादायक व उत्साहवर्धक संवर्धन है । जिसके माध्यम से परिपूर्ण समाधान, छोटे से कलेवर में व्यापक दृष्टिकोण एवं संदर्भ—शोध के रूप में महत्वपूर्ण उपलब्धि, जानकारी के मायने में संग्रहणीय गुलदस्ता बन पड़ा है । वास्तववादी नजरिया को मद्देनजर रखे हुए परिवर्तनवादी दृष्टिकोण, रचनात्मक विचारधारा की अमृत तुल्य सजग प्रहरी व जन—संस्कृति के पक्ष में एक जबरदस्त उपलब्धि है । प्राचीन काल से लेकर वर्तमान काल तक हिंदी—जगत् की व्यापक प्रस्तुति सचमुच अलौकिक सृजन की उड़ान है । सकारात्मक—चिंतन का बोधप्रद प्रयोग एवं स्वतंत्र लेखनी की निर्भीक आवाज है । नई रचनाशीलता की प्रतिबद्धता के प्रति आपका जो ध्येय था, सही अर्थों में आपका प्रयास सफल हुआ है ।

उत्तरोत्तर प्रगति हेतु मनपूर्वक अनेक शुभेच्छा ।

संदर्भ–ग्रंथ की अमिट धरोहर

—डॉ. उषा चौधरी
अध्यक्ष : भारतीय लेखिका परिषद्, अभिव्यक्ति
निवास : गणेश निवास, सी–68, सैक्टर–जे,
अलीगंज, लखनऊ–24, उ.प्र.

अब तक हिंदी साहित्य के अनेक ऐतिहासिक ग्रंथ देखे थे, पढ़े थे, लेकिन प्रथम बार हिंदी साहित्य के इतिहास पर रचित यह कृति देखने को मिली । अत्यंत सुंदर काव्य–रचना में यह अद्भुत कृति आपने हिंदी साहित्य को दी है । समस्त रचना आमुख से अंत तक पद्यात्मक स्वरूप में प्रस्तुत की है ।

प्रारंभिक काल से अद्यतन कविता के इतिहास को इस प्रकार संजोया है कि यह कृति विद्यार्थियों, शोधार्थियों के लिए भी संदर्भ–ग्रंथ की भाँति एक अमिट धरोहर हो गई है ।

बहुत धैर्य और अध्यवसाय के द्वारा ही आपने संपूर्ण हिंदी साहित्य को काव्य की सुंदर पंक्तियों में समेट लेना सत्य ही आश्चर्यजनक है, रचना बहुत साहस का भी परिचय देती है । साथ ही, आपकी कवित्व–शक्ति पर आश्चर्य होता है कि भूमिका तक आपने काव्य में प्रस्तुत की है ।

इस अमूल्य कृति के लिए मेरी बधाई स्वीकार करें । हिंदी साहित्य को इतनी सुंदर कृति एवं नए ढंग से इतिहास की रचना के नवीन प्रयास के लिए भी आपको धन्यवाद ।

मौलिक सूझबूझ और प्रतिभा की परिचायक कृति

–जानकी शरण वर्मा
प्रबंधक, सदस्य एवं स्वतंत्र पत्रकार
निवास : 101, पुरानी नझाई, झाँसी–284001 (उ.प्र.)

'हिंदी साहित्य का इतिहास' काव्य में लिखना अत्यंत कठिन कार्य है । लेकिन इतने कम पृष्ठों में काव्य में लिखकर 'गागर में सागर' जैसा कार्यकर आपने सिद्ध कर दिया कि न केवल 'हिंदी साहित्य का इतिहास' बल्कि अन्य विषयों का ज्ञान काव्य द्वारा कराया जा सकता है ।

'हिंदी साहित्य का काव्यात्मक इतिहास' आपकी मौलिक सूझबूझ और प्रतिभा का परिचायक तो है ही साथ ही 'इतिहास को काव्य–कला के चौखटे' में सरल–सुगम और स्वाभाविक भाषा में जड़ना श्लाघनीय और प्रशंसनीय है ।

हिंदी साहित्य में इस प्रकार की यह पहली अनूठी पुस्तक है जो सराही जाएगी ।

नए प्रयोग की अन्यतम कृति

–डॉ. हरिसिंह पाल

साहित्यकार, संपादक एवं प्रसारक (आकाशवाणी)

निवास : 6841, इंद्रा पार्क, पालम मार्ग, नई दिल्ली–45

आपकी अभिनव काव्य–कृति–'हिंदी साहित्य का काव्यात्मक इतिहास' का महत्वपूर्ण एवं शोधपरक प्रणयन है । बधाई स्वीकारें । अब तक हिंदी साहित्य का इतिहास प्रायः गद्य रूप में ही लिखा जाता रहा है । यद्यपि इसमें लगभग उन्हीं रचनाकारों को सम्मिलित किया गया है जो अब तक गद्य इतिहास में आते रहे हैं । फिर भी इतिहास की काव्यात्मक प्रस्तुति दिया जाना निश्चय ही साहस का कार्य है । पद्यात्मक लेखन अधिक श्रम और मनन की माँग रखता है विशेष रूप से छंदोबद्ध पद्य लेखन । इस नाते इस कृति का विशेष महत्व है । हमारी जानकारी में अभी तक ऐसा प्रयास या प्रकाशन देखने में नहीं आया है । विदुषी कवयित्री रजनी सिंह का यह प्रयास स्तुत्य है और सराहनीय भी । आशा है इस कृति का हिंदी साहित्य–जगत् में वांछित स्वागत होगा ।

पद्य रूप में साहित्य के इतिहास को संक्षिप्त रूप में ही प्रस्तुत किया जा सकता है । इस कृति में भी यही हुआ है । यह पुस्तक उन छात्रों के लिए विशेष उपयोगी सिद्ध ही हो सकती है जिन्होंने हिंदी साहित्य का गद्य रूप में इतिहास नहीं पढ़ा है । नए प्रयोग के रूप में इस कृति को अन्यतम कहा जा सकता है । हिंदी विद्वान् डॉ. योगेंद्र नाथ शर्मा 'अरूण' ने इस पुस्तक की पद्यात्मक भूमिका (दिव्य अनूठा काम) लिखकर इस कृति की महत्ता को रेखांकित किया है । यह भी नया प्रयोग ही है । डॉ. अरूण को भी बधाई । निःसंदेह कवयित्री ने पूरी ईमानदारी के साथ बड़े परिश्रम से इस कृति को तैयार किया है । इनका श्रम सार्थक और सफल रहा है ।

हार्दिक शुभकामनाएँ ।

सरस्वती की असीम कृपा !

—कृष्णा कुमारी
साहित्यकार
निवास : सी—368, तलवंडी, कोटा—324005

'हिंदी साहित्य का काव्यात्मक इतिहास' को तो मैं देखती ही रह गई । ये तो मेरे लिए परम सुखात्मक अनुभूति है । क्या कहूँ ? मैंने ऐसा इतिहास पहली बार पढ़ा है, ये तो हिंदी साहित्य का अनमोल रत्न है । साहित्य के इतिहास को इतनी सुगमता से प्रस्तुत कर देना, बहुत ही बड़ी बात है । वो भी काव्य के रूप में, एकदम मौलिक, अद्भुत, अप्रतिम संरचना, सबसे हटकर मुहावरा, इतने कम शब्दों में बड़े—बड़े कवियों की कृतियों को अभिव्यक्त कर देना असाधारण कार्य है ।

आपने तो ये विलक्षण, अनोखा, अद्भुत, कल्पनातीत कार्य किया है । ये तो हिंदी साहित्य के लिए एक धरोहर है । हिंदी साहित्य के इतिहास में बेजोड़ कृति है । शोध—कार्य एवं परीक्षार्थियों के लिए तो नायाब तोहफा है । शोधार्थियों के लिए यह कृति मील का पत्थर है । बहुत ही प्रशंसनीय, सम्माननीय..... ये तो साहित्य के इतिहास का मानस तुल्य है ।

आपने इतनी श्रेष्ठ कृति की रचना कैसे संभव की, बार—बार ये प्रश्न मन में आ रहा है । कितना श्रम, साधना की होगी आपने । तत्सम शब्दावली, प्रवाहमयता, बिंब, प्रतीक..... क्या छटा है, पाठक भाव—विभोर हो उठता है । 'गागर में सागर' भर दिया है । आपकी इस सृजनधर्मिता को नमन, सलाम । वाकई आपने कमाल कर दिया, इस पुस्तक का कोई सानी नहीं हो सकता । इस कृति का भव्य प्रसार—प्रचार होना चाहिए । बहुत वंदनीय.....आदरणीया नमन । आपको अनेकानेक साधुवाद । बधाईयाँ । मंगलकामनाएँ । ईश्वर आपको और.....और प्रेरणा दे.....आप इसी प्रकार साहित्य की सेवा करती रहें, यही दुआ है ।

'गागर में सागर' सही मायने में इसे ही कहते हैं । सरस्वती की असीम कृपा है । आभारी हूँ।

साहित्य उपवन में पुष्प–गुच्छ

–कन्हैयालाल दवे
साहित्यकार
निवास : 5/121, शिक्षक कॉलोनी, चौपासनी स्कूल, जोधपुर–342009

'हिंदी साहित्य का काव्यात्मक इतिहास' पढ़कर अति हर्ष हुआ । आपकी लेखनी को 'साधुवाद' । बी.ए. हिंदी साहित्य पेपर में एक पेपर 'हिंदी साहित्य का इतिहास' भी था । उसका स्वरूप गद्यात्मक था ।

पर इसी विषय पर पद्यात्मक रूप में लिखी आपकी इस पुस्तक ने आश्चर्यचकित कर दिया । छंदबद्ध, तुकांत पद्य लिखने में कितनी एकाग्रता, साधना व श्रम तथा बौद्धिक परिश्रम चाहिए, इसे मैं समझता हूँ ।

अति सरल शब्दों में आपने हर लेखक, प्रसिद्ध कवियों व उनकी कृतियों के बारे में सांगोपांग वर्णन किया है । कष्टात्मक दुरूह गद्य भाषा के स्थान पर अति सहज भाषा में रचित यह पुस्तक अल्प हिंदी ज्ञान– भाषी को भी पढ़ने–समझने में सहायक होगी ।

आपके श्रम व लेखन तथा प्रकाशन में आने वाली कठिनाइयों का मुकाबला करते हुए आपने यह साहित्य उपवन में पुष्प–गुच्छ समर्पित किया है, उसके लिए साहित्य–जगत् ऋणी रहेगा ।

पुस्तक अधिक से अधिक हाथों में पहुँचे व पढ़ी जाए यही कामना–यही भावना । माँ सरस्वती की आप पर कृपा बनी रहे व आप इसी प्रकार साहित्य–जगत् की सेवा करती रहें ।

वैश्विक स्तर पर हिंदी की श्री वृद्धि में

—विजय प्रकाश बेरी
संपादक : हिन्दी प्रचारक पत्रिका, वाराणसी
निवास : सी—21/30, पिशाचमोचन, वाराणसी—221010, उ0प्र0

आपने निश्चित रूप से हिंदी साहित्य के इतिहास को काव्य—रूप में प्रस्तुत कर अनूठा कार्य किया है। मेरी दृष्टि में संभवतः पहली बार काव्यात्मक रूप में हिंदी साहित्य का इतिहास प्रकाश में आया है। यह आपकी श्रमसाध्य कृति है। इसके प्रणयन एवं प्रकाशन हेतु आपको बहुत—बहुत बधाई।

हिंदी आज वैश्विक स्तर पर अपनी महक बिखेर रही है। हिंदी की बढ़ती लोकप्रियता की समृद्धि और श्रीवृद्धि में आपका यह संग्रह उल्लेखनीय सिद्ध होगा।

अभिनव इतिहास रचा है

—भगवती प्रसाद द्विवेदी
साहित्यकार
निवास : 204, हेलीपूफन भवन, आर–ब्लॉक,
पो.बॉ.–115, पटना–800001, बिहार

    हिंदी साहित्य के इतिहास की काव्यात्मक प्रस्तुति एक टेढ़ी खीर है, पर आपने अपनी काव्यात्मक सतत साधना के जरिए इसे संभव कर एक अभिनव इतिहास रचा है । इस जीवंत पेशकश के लिए आपकी जितनी भी तारीफ की जाए, कम है । आपने शैक्षणिक–साहित्यिक–सांस्कृतिक हलके में जो सेतुबद्धता की है उसमें सत्यं–शिवं–सुंदरम् की संकल्पना सन्निहित है । आपका बहुआयामी सृजनशील व्यक्तित्व हर दृष्टि से नमनीय है । अपने एक कवि–मित्र के शब्दों में आपके लिए मेरी ईश्वर से प्रार्थना है कि आप–

'सूर्य जैसी सदा जगमगाती रहें
फूल जैसी सदा मुस्कराती रहें
उम्र नभ के सितारों सरीखी मिले
गीत सुख के सदा गुनगुनाती रहें ।'

प्रखर प्रतिभा की परिचायक.....

—डॉ. हरिशचंद्र वर्मा, डी.लिट्.
सेवा सम्पन्न प्रोफसर (हिंदी विभाग), साहित्यकार
निवास : 55, सेक्टर—1, हुडा, रोहतक—124001

आपने सतत साधना से 'हिंदी साहित्य का काव्यात्मक इतिहास' लिखने का दुष्कर कार्य किया है, जो आपकी गहन निष्ठा और प्रखर प्रतिभा का परिचायक है । इस महत्वपूर्ण एवं प्रभावशाली रचना की प्रस्तुति के पावन उपलक्ष्य में आपको हार्दिक बधाईयाँ !

प्रतिभा के सार्थक अम्लान हस्ताक्षर

—डॉ. शिवओम अंबर
कुशल एवं शब्द चितेरे साहित्यकार
निवास : 4/10, नुनहाई स्ट्रीट, फर्रुखाबाद—209625 (उ.प्र.)

'हिंदी साहित्य का काव्यात्मक इतिहास' एक हिम्मतवर कोशिश है । प्रायः गद्य ही इतिहास लेखन के लिए उपयुक्त माना जाता है और समय—समय पर उसकी गुणवत्ता के मानक भी परिवर्तित होते रहते हैं । आपकी प्रतिभा ने गद्य की विषय—वस्तु को छंदों में बाँधकर एक सकारात्मक प्रयोग किया है । इतिहास की शुष्कता को काव्य की रसात्मकता से आपूरित करने की आकुलता निश्चय ही अभिनंदनीय है ।

वागीश्वरी आपकी अभिव्यक्तियों को नैरंतर्य, आपकी मंगलकारी चेतना को स्थैर्य और आपको सतत चरैवेति के जाप का उत्साह तथा प्रतिकूलताओं के परिमार्जन का धैर्य प्रदान करें ।

इतिहास लिख दिया काव्य में

–डॉ. सुधा गुप्ता
महिला साहित्यकार
निवास : दुबे कॉलोनी, बरही रोड, कटनी–483501 (म.प्र.)

'हिंदी साहित्य का काव्यात्मक इतिहास' पुस्तक नाम पढ़कर ही हृदय में पुलकन आ गई । हिंदी साहित्य का इतिहास कविता में लिख देने जैसे जटिल कार्य को सहजता से रससिक्त कर दिया जो अचंभित करने वाला है । आपका हिंदी के प्रति समर्पण प्रणम्य है । आप पर हमेशा सरस्वती का वरदहस्त हो ताकि साहित्य–सुधियों को आपकी कृतियाँ पढ़ने को मिलती रहें और हिंदी का भंडार भरता रहे । बधाई स्वीकारें –

'बनी रहे प्रभु की कृपा, करे लेखनी गान ।
गद्य–पद्य में कर रहीं, हिंदी का उत्थान ।।
इतिहास लिख दिया काव्य में, विद्वत जन हैरान ।
हिंदी की सेवा करी, भरे शब्द में प्राण ।।
स्वस्थ और सानंद हों, बढ़े खूब परिवार ।
चले हमेशा लेखनी, यश हो अपरंपार ।।'

हिंदी साहित्य का काव्यबद्ध इतिहास
नवीन प्रयोग

—डॉ. रामनिवास 'मानव', डी.लिट्.
साहित्यकार
निवास : 706, सैक्टर–13, हिसार–5 (हरियाणा)

'हिंदी साहित्य का काव्यात्मक इतिहास' कृति पढ़कर बहुत अच्छा लगा । हिंदी साहित्य के इतिहास को काव्यबद्ध करके एक अनूठा प्रयास आपने किया है । इससे पूर्व ऐसा कोई प्रयास अभी तक मेरे देखने में नहीं आया है । अतः इस नवीन प्रयोग हेतु आप बधाई की पात्र हैं ।

काव्यात्मक रूप : इतिहास की पूरी झलक

–डॉ. गंगा प्रसाद बरसैंया
साहित्यकार
ए–7, फॉरचून पार्क, जी–3, गुलमोहर,
भोपाल–39 (म.प्र.)

आपकी पुस्तक 'हिंदी साहित्य का काव्यात्मक इतिहास' मैने उसे देखा–पढ़ा । पहली बात तो उसका कलेवर बड़ा सुंदर है । दूसरी बात इसमें अशुद्धियाँ नहीं हैं । तीसरी बात आपने काव्यात्मक रूप में हिंदी साहित्य के इतिहास की पूरी झलक दिखा दी है । आदिकाल के पूर्व से लेकर आधुनिक काल तक । इसमें विस्तृत विवेचना भले न हो, पर प्रमुख कवियों के नाम सन्–संवत् सहित क्रमशः प्रस्तुत करना अपने आप में महत्वपूर्ण है । बीच–बीच में युगीन प्रवृत्तियों पर भी संकेत है । इस दृष्टि से पुस्तक संग्रहणीय है । तदर्थ बधाई ।

अनुपम प्रतिभा : ईश्वरीय उपहार

–डॉ. अभय
कवि एवं साहित्यकार
Engui Bangra
जालौन–285121 (उ.प्र.)

'सुकृति आपकी प्राप्त कर, उमड़ा हर्ष अपार ।
अभिनंदन के योग्य हैं, मानस के उद्गार ।।
हिंदी के इतिहास के, रचके छंद ललाम ।
कार्य किया मुश्किल सरल, जानेगा जन आम ।।
आदि मध्य अरू रीति के, बाद आधुनिक काल ।
क्रम से सब वर्णित किया, सच में किया कमाल ।।
काल वृत्ति कवि ग्रंथ का, करके सरस बखान ।
ज्ञान करा सबका दिया, रहा न कुछ अनजान ।।
सृजन अनूठा कर भरा, वाणी का भण्डार ।
प्रतिभा अनुपम का दिया, ईश्वर ने उपहार ।।
'अभय' बधाई हृदय से, देता बारंबार ।
किया भला है काव्य से, वाणी का श्रृंगार ।।

विश्वप्रसारणीय

— महाकवि डॉ. **रत्नाकर नराले**
प्रो. हिंदी, रायर्सन विश्व विद्यालय
टोरंटो, कनाडा

सरस्वती की देन है, काव्य कला अभिधान।
अवगत रजनी सिंह को, हुआ है यह सम्मान।।

गहन शोधपर काम यह, लिखा गया है नीक।
एक-एक पद है रचा, मात्रा गिन कर ठीक।।

हिंदी कवियों पर रचा, काव्यात्मक इतिहास।
देखा पहली बार जो, लिखा आपने खास।।

हिंदी कवि-जग के लिए, अद्भुत यह उपहार।
परम ज्ञान भंडार है, काव्य सुमन का हार।।

छंद रंग से है रजा, अथ से इति तक ग्रंथ।
सराहना उसकी करें, जिसे न हो कछु अंत।।

भूले-बिसरे भी कवि, किए गए हैं याद।
दिखी कहीं ना श्रेष्ठ जो, इस रचना के बाद।।

आदि भरतमुनि से किया, ओशो से है अंत।
अगणित कवि हैं मध्य में, जिनके पद्य अनंत।।

अभिनंदन है आपका, हिरदय से शत बार।
इस मंगल कृति के लिए, बहुत-बहुत आभार।।

ऐसी कृति अनमोल का, करिए विश्व-प्रसार।
बेशक होना चाहिए, जिसका भव्य प्रचार।।

पुन्य-पुष्प

श्रद्धावनत् मन मुग्ध, अर्पित गुच्छ सुमन का ।
गूँथ रही शब्दों की माला, विद्वत भाव भरें मनका ।।
श्रद्धेय डॉ0 रत्नाकर नराले, सोच उच्च हिमगिरि शिखर ।
मन मुखरित झंकृत हृदय, यश सुरभि हो और बिखर ।।
पुन्यात्मक सोच सफल, ज्योतिर्वान चमके कृति ।
काव्यात्मक इतिहास शोधमय, मूल्यात्मक बनें प्रति ।।
मंगलमय हो विश्वजना, मंगल जन गण शुभ हो ।
हिंदी भाषा वैचारिक, देवनागरी लिपि जय हो ।।
हैं प्रयास वंदनीय, डॉ0 नराले जी श्रम साध्य किए ।
लाभांवित इतिहास बनेगा, विश्वास शुचित साध लिए ।।

रजनी सिंह

भाव–भाव

—रजनी सिंह

हूँ कृतकृत्य विद्वतजन मुहर लगाई ।
नवल प्रयास बता कवित्त–इतिहास–बड़ाई ।।

'काव्य' मन–भाया अधिक नेह अधिकार ।
उमंग जगी कुछ अलग लिखूँ लाभ अपार ।।

पढ़ सकें बेहिचक समय–बचत प्रसन्न चित ।
काव्यमय रसिक स्मरण शीघ्र अतिसिक्त ।।

छोटा–सा विचार साहित्य इतिहास अपार ।
पूर्ण हुआ कैसी महिमा सरस्वती आधार ।।

श्रम – लक्ष्य – भाव सत्यं – शिवं – सुंदरम् ।
उद्देश्य सफल शिक्षा समाज हुआ शुभम् ।।

हिंदी भाषा मातृसम इतिहास विराट् वक्ष ।
'गागर में सागर' एक सौ अठ्ठाईस पृष्ठ दक्ष ।।

परिवर्तित युग समयाभाव विषय अनेकीय ।
शिक्षार्थी–शोधार्थी संदर्भ–ग्रंथ संग्रहनीय ।।

'सफल कृति हो' भाव सभी मूर्धन्यजन का ।
आशीर्वचन सफल श्रीफल मिला मनका ।।

हृदय–अंतस् से प्रेषित साधुवाद मधुबोल ।
प्रेमी कवियों ने बतलाया 'इतिहास' अमोल ।।

जैसे–जैसे

डॉ. रामकृष्ण शर्मा डी.लिट्. ने 'साहित्यमाल' कहा ।
'नई खोज की सूत्रधार' सम्मान–मुकुट सिर रहा ।।
डॉ. शारदा प्रसाद का भाव लोक 'नवल नूतन नील कमल' ।
नव्य–परिकल्पना से समृद्ध 'हिंदी साहित्य इतिहास' विमल ।।
श्रीमान् शंकर लाल माहेश्वरी प्रबुद्ध कहते प्रशंसनीय शुभकर्म मूल्यवान् कृति ।
दैदीप्यमान साहित्याकाश अनेक नक्षत्र अवतरित कर साहित्य–जगत् यश अति ।।
डॉ. चंद्रप्रकाश आर्य कविता उमड़ी 'काव्यात्मक इतिहास' खिले अतीत के भाग ।
काव्य–जगत् में रजनी सिंह का सर्वथा है नवीन प्रयास–त्याग ।।
डॉ. ललित सिंह राजपुरोहित फूले न समाए काव्य के माध्यम से पुस्तकाकार रूप ।
समग्र हिंदी साहित्य उद्भव–विकास–यात्रा विस्तृत फलक दस्तावेजी स्वरूप ।।
डॉ. सूर्यप्रताप शुक्ल डी.लिट्. ने कहा जिज्ञासु साहित्यनिष्ठ पाठकों को परिचय हेय ।
विषय–वस्तु से विद्यार्थियों को कविता–रूप में कंठस्थ करने का साधन उपादेय ।।
नंद किशोर बावनिया जी हतप्रभ कहते साहित्यिक धागों में गूँथी काव्य–माला ।
रजनी सिंह–प्रयास वृक्ष से फलें–फूलें मार्गदर्शक हो साहित्य–जगत् रखवाला ।।
बद्रीनारायण तिवारी खुश हैं विदेशी हिंदी प्रेमी फ्रेडरिक पिंकाट जैसे लेखक हैं ।
इतिहास रखेगा स्मरणीय श्रम–निष्ठा से हिंदी सम्मान–विकास प्रदर्शक हैं ।।
डॉ. पी.आर. वासुदेवन 'शेष' डी.लिट्. मान रहे 'संजीवनी बूटी' काव्यात्मक इतिहास ।
रामबाण बनेगा एक दिन वरदान कहा साहित्यकारों को ये प्रयास ।।
डॉ. विद्या विनोद गुप्त डी.लिट्. मुखरे एक सर्वोपयोगी शोध–ग्रंथ है ये ।
हवा–पानी–अग्नि–प्रकाश–सूर्य–चंद्र–तारों से चमकते आकाश से भी अधिक ये ।।
डॉ. जगदीश गाँधी अध्यात्म सुधी ने माना अंतर्मुखी प्रेरणा स्त्रोत कृति प्रेरणा दाई ।
दिव्य लेखनी और आत्मा के आलोक को उढ़ेलकर भगीरथ प्रयास पाई ।।
सरदार हरचरन सिंह सूदन खुश हैं सचमुच 'गागर में सागर' कहावत चरितार्थ ।
किस खूबी से विशालकाय 'हिंदी साहित्य के इतिहास' को कवित्त–रूप में अर्थार्थ ।।
श्री सुरेश उपाध्याय ने भेजा अभिनंदन अनमोल विरासत है काव्यात्मक पुस्तक ।
श्रमसाध्य और साहित्य–प्रीति–जनित ललित–कृति अति मूल्यात्मक ।।
श्रीमान प्रकाश सूना ने दी बधाई दुरूह कार्य का कैसे सृजन किया ।
शोधपरक कल्पनाओं और काव्यात्मकता से हिंदी–साहित्य श्रीबद्ध किया ।।
श्रीमती माला वर्मा आश्चर्यजनित अभिभूत हुईं नतमस्तक कैसे कृति रची ?
क्या ऐसे भी साहित्य–इतिहास लिखा जा सकता? हो प्रचार–प्रसार मन धूम मची ।।
डॉ. रामानुज मिश्र आनंदित उमंगें छंदोबद्ध रचना कौशल का परिचायक ।
'हिंदी साहित्य का काव्यात्मक इतिहास' वरदान सिद्ध संदर्भ–ग्रंथ होगा गायक ।।

प्रा. डॉ. प्रकाश वि.जीवने बताते जन—संस्कृति के पक्ष में जबरदस्त उपलब्धि ।
रचनात्मक—विचारधारा की अमृत तुल्य सजग प्रहरी यह कृति प्रतिनिधि ।।
डॉ. उषा चौधरी आश्चर्यचकित देखकर कृति की काव्य—कला ।
आमुख से अंत तलक पद्यात्मक अमिट धरोहर संदर्भ—ग्रंथ शोधार्थियों—विद्यार्थियों का भला ।।
श्री जानकी शरण वर्मा विचारते इतिहास को काव्य—कला के चौखटे में ।
जड़ना अनूठी पुस्तक श्लाघनीय—प्रशंसनीय स्वाभाविक भाषा में ।।
डॉ. हरिसिंह पाल मन हर्षित सुझाया छात्रों को है उपयोगी शृंखलाबद्ध ।
पद्य लेखन नया प्रयोग अन्यतम है इसीलिए स्तुत्यनीय छंदोबद्ध ।।
श्रीमती कृष्णा कुमारी 'हिंदी साहित्य का अनमोल रत्न' कहें मंगलकामनाएँ ।
परीक्षार्थियों को नायाब तोहफा और साहित्य के इतिहास को मानस तुल्य बताएँ ।।
श्री कन्हैयालाल दवे आश्चर्यचकित देख रूप पद्यात्मक साहित्य—जगत् ऋणी ।
सांगोपांग साहित्यकारों का वर्णन साधना—एकाग्रता का परिचायक दृढ़ी ।।
श्री विजय प्रकाश बेरी सोच प्रथमबार 'हिंदी साहित्य का इतिहास काव्यात्मक' रूप ।
वैश्विक स्तर पर प्रस्तुति से श्रीवृद्धि—लोकप्रिय निश्चित आपका स्वरूप ।।
श्री भगवती प्रसाद द्विवेदी 'सूर्य जैसी जगमगाती रहें' प्रशंसा—पुष्प प्रेषित किए ।
जीवंत पेशकश ने शैक्षणिक—साहित्यिक—सांस्कृतिक हलके में सेतुबद्धता कार्य किए ।।
डॉ. हरिश्चंद्र वर्मा डी.लिट्. सराहा दुष्कर कार्य को सरल बना प्रस्तुत किया ।
'प्रखर—प्रतिभा और गहन—निष्ठा का परिचायक' प्रशंसा किया ।।
डॉ. शिवओम अंबर अभिनंदन करते 'काव्यात्मक इतिहास' स्वागताम ।
इतिहास की शुष्कता को काव्य—रस में आपूरित करने की आकुलता का परिणाम ।।
डॉ. सुधा गुप्ता का हृदय पुलकन से भर उठा कविता में लिखा जटिल कार्य ।
विद्वतजन भी हैरान इतनी सहजता से रससिक्त करना अचंभित कार्य ।।
डॉ. राम निवास 'मानव' डी.लिट्. ने बताया इससे पहले कभी देखने में नहीं आया ।
नवीन प्रयोग अनूठा प्रयास 'हिंदी साहित्य का काव्यात्मक इतिहास' बधाई का पात्र पाया ।।
डॉ. गंगा प्रसाद बरसैंया को कलेवर सुंदर अशुद्धियाँ नहीं काव्यात्मक रूप ।
युगीन प्रवृत्तियों पर भी किया संकेत तदर्थ बधाईयाँ अनूप ।।
डॉ. अभय गुंजारा गीत कालवृत्ति कवि ग्रंथ का करके सरस बखान ।
ज्ञान करा सबका दिया रहा न कुछ अनजान 'अभय' बधाई हृदय से देता बारंबार मान ।।

—रजनी सिंह

कुछ विचार

—रजनी सिंह

हमारी मातृभाषा, भारत की पहचान भाषा, राष्ट्र का सम्मान हिंदी भाषा का इतिहास वर्तमान छात्र-छात्राओं, शोधार्थियों और हिंदी प्रेमियों के लिए अपने देश में ही नहीं वरन् विश्व के अनेक देशों में स्थापित विश्वविद्यालयों में पढ़ाई जा रही हिंदी को समझने और सरल-सहज-संक्षिप्त शब्दों में काव्यात्मक मधुरता का ध्यान रखते हुए 'हिंदी साहित्य का काव्यात्मक इतिहास लाभप्रद भूमिका निभाए, ऐसी सोच ने मुझे यह कृति लिखने को प्रेरित किया। किसी भी भाषा को शिक्षा संस्थानों में मनभावन बनाने के लिए यह आवश्यक होता है कि वह दुरूहता और क्लिष्टता से मुक्त अपनी स्वाभाविक स्थिति में समझाने की गुणवत्ता रखती हो, अन्यथा वह सच्चे अर्थों में पठन-पाठन का हिस्सा नहीं बन पाती। भाषा जितनी सरल और मनोरंजक होगी तो पाठक को अपनी ओर आकर्षित करेगी। काव्य में यह गुण है कि बड़ी लम्बी बात को कम शब्दों में रोचक बनाकर स्मरण करा देता है। मैं स्वयं आश्चर्यचकित हूँ कि इतना विस्तृत हिंदी साहित्य का इतिहास काव्य के इतने कम शब्दों में समा गया। सचमुच अनेक प्रबुद्ध साहित्यकारों का चिंतनीय विचार इसे संदर्भ ग्रंथ की श्रेणी में उपयोगी और लाभप्रद मानकर मुझे गौरव प्रदान करता है।

मातृभाषा जननी हिंदी।
कर्म धर्म प्रेरक हमजोली।
राष्ट्रभाषा विश्व सिरमौर।
जैसी लिखी वैसी बोली॥
लिपि नागरी देवजयी।
अक्षर वामन अति गुनी।
शब्द-शब्द मधु मिठास।
प्रेम अहिंसा भाव बुनी॥
इसीलिए कहती हूँ मैं.......
हवाओं में सरसराहट है।
फिजाओं में गुनगुनाहट है।
सुदूर पंछी राग सुनाता है।
हिंदी में आज मुस्कराहट है॥

कवि अनुक्रम

अ
अक्षर अनन्य : 23
अजीत कुमार : 416
अज्ञेय : 374, 400
अध्यापक पूर्णसिंह : 255
अनंत : 345
अनूप शर्मा : 336
अलबेली : 151
अवधेश कुमार : 390
अवस्थी ब्रजेंद्र : 433
अली मुहिब खाँ (प्रीतम) : 100
अश्वघोष : 418
आरसी प्रसाद : 349
आलम : 62, 140
औरंगजेब : 186

इ
इंदू : 417
ईश्वरी प्रसाद : 236
इंशाअल्ला खाँ : 195

उ
उर्मिलेश शंखधार : 434
उसमान : 27

ऋ
ऋषिनाथ : 113

क
कबीर : 16
करन कवि : 128
कवींद्र : 94
काका हाथरसी : 431
कादिर : 72
कार्तिकप्रसाद खत्री : 225
कालिदास त्रिवेदी : 88
काशीनाथ खत्री : 223
कासिमशाह : 29
कीर्ति चौधरी : 404
कीर्ति चौधरी : 384
कुँअर बेचैन : 430
कुतबन : 24
कुमारमणिभट्ट : 109
कुलपति मिश्र : 86
कुँवर नारायण : 387, 407
कुँवर पाल जोश : 420
कृष्ण कवि : 97
कृपाराम : 59
कृष्णदास : 43, 168
केदारनाथ सारथी : 406
केशवदास : 69
कैलाश नाथ भटनागर : 276

ख

खुमान : 173
खुसरो : 13, 185

ग
गंग : 65, 187
गंगा प्रसाद विमल : 424
गंजन : 99
गजानन माधव 'मुक्तिबोध' : 363, 369
गणेश : 169
गदाधर भट्ट : 49
गिरिजा कुमार माथुर : 373, 399
गिरधर कविराय : 153
गिरिधरदास : 179
गुमान मिश्र : 156
गुरदीन पांडे : 129
गुरू गोविंदसिंह जी : 141
गुरु नानक : 19
गोकुलनाथ, गोपीनाथ और मणिदेव : 162
गोपाल दास 'नीरज' : 431
गोविंद गिल्लाभाई : 294
गोविंदस्वामी : 47
गोस्वामी तुलसीदास जी : 32
ग्वाल कवि : 132

घ
घनानंद : 144

च
चंडी चरणसेन : 233
चंडीप्रसाद 'हृदयेश' : 266
चंद : 188
चंदन : 119
चंदबरदाई : 8
चंद्रकांत देवनाले : 422
चंद्रशेखर : 176
चंद्रशेखर मुखोपाध्याय : 279
चतुर्भुजदास : 45
चतुरसेन शास्त्री : 246, 277, 280
चाचा हित वृंदावनदास : 152
चिंतामणि त्रिपाठी : 79

छ
छत्रसिंह कायस्थ : 138
छीतस्वामी : 46
छीहल : 57

ज
जगनिक : 11
जनकराज किशोरीरमण : 150
जगदंबाप्रसाद 'हितैषी' : 337
जगदीश गुप्त : 397
जगन्नाथ प्रसाद 'मिलिंद' : 274
जमाल : 68
जयशंकर प्रसाद : 269, 341
जसवंत सिंह द्वितीय : 126
जी. पी. श्रीवास्तव : 241

जीवाराम : 39
जैनाचार्य मेरुतुंग : 3
जोधराज : 148

ठ
ठाकुर गोपाल शरण सिंह : 335
ठाकुर गुरूभक्त सिंह : 357
ठाकुर जगमोहन सिंह : 208, 216, 300, 315

ड
डॉ0 नामवर सिंह–अमृतराय : 359
डॉ. रघुवीर सिंह : 282
डॉ0 रामविलास शर्मा : 360
डॉ. विद्यानिवास मिश्र : 440

त
तुलसीराम शर्मा 'दिनेश' : 340
तोषनिधि : 103

थ
थान कवि : 123

द
दत्त : 115
दलपतिराय : 104
दादूदयाल : 20
दान : 413
दास (भिखारीदास) : 101

दान : 413
दुलारे लाल जी भार्गव : 311
दुष्यंत कुमार : 414
दूलह : 108
देव : 91
देवकीनंदन : 120
दौलतराम : 192
द्विजदेव (महाराज मानसिंह) : 180

ध
धर्मदास : 18
धर्मवीर 'भारती' : 381, 403
ध्रुवदास : 56

न
नंदकिशोर : 393
नंददास : 42
नरेंद्र धीर : 426
नरेंद्र शर्मा : 347, 365
नरेश मेहता : 380, 402
नरोत्तमदास : 61
नलिन विलोचन शर्मा : 419
नवनीत चौबे : 295
नवलसिंह कायस्थ : 174
नवीन चंद्र राय : 202
नाथ : 117
नागार्जुन (वैद्यनाथ मिश्र) : 368
नाभादास जी : 34, 182

निर्भय हाथरसी : 432
नूर मुहम्मद : 30
नेमिचंद्र जैन : 370
नेवाज : 90

प

पं0 अयोध्यासिंह उपाध्याय : 230, 306, 318
पं0 उदयशंकर भट्ट : 273, 358
पं0 किशोरी लाल गोस्वामी : 228
पं0 कृष्ण बिहारी मिश्र : 258
पं0 कृष्णशंकर शुक्ल : 283
पं0 केशवराम भट्ट : 218
पं0 चंद्रधर 'गुलेरी' : 247, 254
पं0 चतुरसेन शास्त्री : 265
पं0 जगन्नाथ प्रसाद चतुर्वेदी : 253
पं0 ज्वालादत्त शर्मा : 245
पं0 नकछेदी तिवारी : 303
पं0 नाथूराम शंकर शर्मा : 325
पं0 अंबिकादत्त व्यास : 220, 297, 301, 316
पं0 गयाप्रसाद शुक्ल 'सनेही' : 326
पं0 गोविंद नारायण मिश्र : 228, 251
पं0 गोविंदबल्लभ पंत : 271
पं0 गिरिजादत्त शुक्ल 'गिरीश' : 284
पं0 गिरिधर शर्मा नवरत्न : 322
पं0 पद्मसिंह शर्मा : 257
पं0 प्रतापनारायण मिश्र : 205, 212, 298, 313
पं0 बदरीनारायण चौधरी : 206, 214, 299, 314
पं0 बदरीनाथ भट्ट : 333
पं0 बाल कृष्ण भट्ट : 207, 213
पं0 बाल कृष्ण शर्मा 'नवीन': 353
पं0 भीमसेन शर्मा : 222
पं0 महावीर प्रसाद द्विवेदी : 227, 248, 319
पं0 माखनलाल चतुर्वेदी : 351
पं0 माधव प्रसाद मिश्र : 249
पं0 मोहनलाल विष्णुलाल : 221
पं0 राधाचरण गोस्वामी : 219
पं0 रामचरित उपाध्याय : 321
पं0 रामनरेश त्रिपाठी : 327
पं0 रूपनारायण पांडेय : 329
पं0 लक्ष्मीनारायण मिश्र : 272
पं0 लोचन प्रसाद पांडेय : 323
पं0 विजयानंद त्रिपाठी : 304
पं0 विश्वंभर नाथ कौशिक : 260
पं0 विश्वंभर नाथ शर्मा : 242
पं0 शांतिप्रिय द्विवेदी : 285
पं0 श्रद्धाराम फुल्लौरी : 204
पं0 श्रीधर पाठक : 307, 317
पं0 सत्यनारायण 'कवि रत्न' : 330
पजनेश : 178
पदुमलाल पुन्नालाल बख्शी : 287, 334
पद्माकर भट्ट : 131

परमानंददास : 44
पुरोहित प्रताप नारायण : 339
पुष्कर कवि : 76
प्रकाशचंद गुप्त : 362
प्रताप साहि : 133
प्रभाकर माचवे : 372
प्रयागनारायण त्रिपाठी : 383
प्रसाद सिंह : 244
प्राणचंद चौहान : 35
प्रेमचंद : 263, 267

फ
फेडरिक पिंकाट : 200, 226

ब
बख्शी हंसराज : 149
बंगमहिला : 240
बंशीधर : 104
बनवारी : 135
बनारसीदास : 74
बलभद्र मिश्र : 67
बल्लभाचार्य जी : 40
बा0 जगन्नाथदास 'रत्नाकर' : 308
बाबा दीनदयाल गिरि : 177
बाबा रघुनाथदास रामसनेही : 290
बाबू गुलाबराय : 256
बाबू गोपालराम : 231
बाबू तोताराम : 217
बाबू देवकीनंदन खत्री : 225

बाबू बालमुकुंद गुप्त : 250
बाबू ब्रजनंदन सहाय बी.ए. : 239
बाबू मैथिलीशरण गुप्त : 320
बाबू रामकृष्ण वर्मा (बलबीर) : 302
बाबू श्यामसुंदरदास जी : 252, 286
बाबू हरिकृष्ण जौहर : 237
बालकृष्ण राव : 415
बिहारीलाल : 82
बिट्ठलनाथ : 181
बीर : 96
बीसलदेव रासो : 7
बेनी : 80
बेनी बंदीजन : 124
बेनी प्रबीन : 125
बैकुंठमणि शुक्ल : 183
बैताल : 139
बैरीसाल : 114
बोधा : 163
ब्रह्मदत्त : 130
ब्रजवासीदास : 161

भ
भक्तवर नागरीदास जी : 147
भगवंतराय खीची : 158
भगवत रसिक : 154
भगवती चरण वर्मा : 261, 350
भट्टकेदार मधुकर कवि : 9
भवानीप्रसाद मिश्र : 376
भान कवि : 122

भारत भूषण : 437
भारतभूषण अग्रवाल : 371
भारतेंदु हरिश्चंद्र : 211, 296, 312
भोलानाथ शर्मा एम.ए. : 278
भवानी भाई : 401
भूपति (राजगुरूदत्त सिंह) : 102
भूषण : 85

म

मंचित : 165
मंझन : 25
मंडन : 83
मतिराम : 84
मदन वात्स्यायन : 385, 405
मनीराम मिश्र : 118
मनोहर कवि : 66
मधुसूदनदास : 166
मनियार सिंह : 167
मलयज : 412
मलिक मुहम्मद जायसी : 26
मलूकदास : 22
महादेवी वर्मा : 344
महापात्र नरहरि बंदीजन : 60
महाराज जसवंत सिंह : 81
महाराज टोडरमल : 63
महाराज बीरबल : 64
महाराज रघुराज सिंह : 288
महाराज रामसिंह : 121
महाराज विश्वनाथ सिंह : 146
मिश्रीलाल जैसवाल : 439
मीराबाई : 50
मोहनलाल महतो 'वियोगी' : 346
मुंशी उदितनारायण लाल : 232
मुंशी सदासुख लाल 'नियाज' : 190, 194
मुकुटधर पांडेय : 332
मुद्राराक्षस वीर : 428
मुबारक : 73
मुरलीधर : 92, 142
मैथिलीशरण गुप्त : 331

य

यशोदानंदन : 127

र

रघुनाथ : 107
रघुवीर सहाय : 382
रतन कवि : 116
रमेश गौड़ : 427
रवींद्र बाबू : 235, 281
रविदास : 17
रसखान : 55
रसनिधि : 145
रसलीन : 106
रसिक गोविंद : 134
रसिक सुमति : 98
रहीम (अब्दुर्रहीम खानखाना) : 71

राखालदास वंद्योपाध्याय : 262
राजकुमार कुंभज : 391
राजा राधिकारमण : 243
राजा लक्ष्मण सिंह : 201, 292
राजा शिवप्रसाद : 198, 199
राजीव सक्सेना : 425
राजेंद्र किशोर : 396, 411
राधाकृष्णदास : 210, 224
राम : 89
रामचंद्र : 164
रामचरणदास : 38
रामधारी सिंह 'दिनकर' : 356, 367
रामप्रसाद 'निरंजनी' : 189
रामविलास शर्मा : 375
रामसहायदास : 175
रामस्वरूप चतुर्वेदी : 398
रामानुजाचार्य जी : 15, 31
रामेश्वर शुक्ल 'अंचल' : 348, 366
रायकृष्णदास : 268
रायदेवीप्रसाद 'पूर्ण' : 309, 324
रायमल्ल पांडे : 37
रूप नारायण : 237
रूपसाहि : 112
रैदास 17

ल
लक्ष्मीकांत पारायण : 410
लक्षोदय : 78

लछिराम : 293
ललकदास : 172
ललित किशोरी : 291
लल्लूलाल जी : 191 196
लाल कवि : 143
लालचंद : 78
लालचदास : 58
लाला भगवानदीन : 328
लाला श्रीनिवासदास : 209, 215
लाला सीताराम : 305

व
विजयदेव नारायण साही : 388, 408
विद्याधर : 4
विद्यापति : 14
वियोगी हरि : 310
विश्वंभर नाथ कौशिक : 264
वृंद : 137
वृंदावन लाल वर्मा : 259
व्यास जी : 54

श
शंभुनाथ मिश्र : 110
शकुंत माथुर : 377
शमशेर बहादुर : 379
शरतबाबू : 234
शारंगधर : 5
शिवदान सिंह चौहान : 361
शिवमंगल सिंह 'सुमन' : 364

शिवसहायदास : 111
शिशुपाल सिंह 'निर्धन' : 436
शेखनबी : 28
श्याम नारायण पांडेय : 338
श्याम परमार : 423

श्र
श्रीधर : 12, 92
श्रीपति : 95
श्रीभट्ट : 53
श्रीराम वर्मा : 395

स
सदल मिश्र : 197
सबलसिंह चौहान : 136
सम्मन : 170
सरजूराम पंडित : 157
सरदार : 289
सरोजनी 'प्रीतम' : 438
सोम ठाकुर : 429
सोमप्रभ सूरि : 2
सोमनाथ : 105
सोमित्र मोहन : 421
स्वामी हरिदास : 51
स्वामी दयानंद सरस्वती : 203
स्वामी अग्रदास : 33
स्वदेश भारती : 392
सर्वेश्वर दयाल : 389
सर्वेश्वर दयाल सक्सेना : 409

सियारामशरण गुप्त : 352
सिंघायच दयालदास: 10
सिंह केदारनाथ : 386
सुंदर : 77
सुंदरदास : 21
सुखदेव मिश्र : 87
सुभद्रा कुमारी चौहान : 354
सुमन राजे : 394
सुमित्रानंदन पंत: 275, 343
सुरेश चतुर्वेदी : 435
सूरदास जी : 41
सूदन : 159
सूरति मिश्र : 93, 184
सूरदास मदनमोहन : 52
सूर्यकांत त्रिपाठी 'निराला' : 342
सेनापति : 75

ह
हठी जी : 155
हरनारायण : 160
हरिकृष्ण 'प्रेमी' : 270
हरिनाथ : 117
हरिनारायण व्यास : 378
हरिवंशराय 'बच्चन' : 355
हरिषेणाचार्य : 193
हितहरिवंश : 48
हृदयराम : 36
हेमचंद्र सूरि : 1
होलराय : 70

रजनी सिंह

परिचय

जन्म

15 दिसंबर, 1942 को डिबाई में ।

शिक्षा

कला परा–स्नातक तथा अनेक कलात्मक क्षेत्रों में तकनीकी प्रशिक्षण

प्रकाशन

झोंके बयार के (काव्य–संग्रह), यत्र सीता तत्र नारी (गद्य–शोध), नन्हीं जिज्ञासा (बाल कविताएँ), दृष्टिकोण (प्रतिक्रियाएँ), मुड़ते हुए मोड़ (कहानी– संग्रह), प्रकृति मेरी प्रकृति (काव्य–संग्रह), तथ्य– कथ्य (साखी–संग्रह), माँ तथाता (काव्य–संग्रह), कुछ–कुछ (काव्य–संग्रह), भूमिजा–भूमिका (महाकाव्य), आओ चलो सैर करें (यात्रा–वृतांत), विहंगावलोकन (कहानी–संग्रह), झिलमिल तारे (बाल कविताएँ), नारी ज्ञान शिरोमणी (नारी संजीवनी), प्रकृति कृति प्रकृति (काव्य–संग्रह), चित्र विचित्र (काव्य–संग्रह), माँ तथाता (तेलुगु–अनुवाद), पीढ़ी दर पीढ़ी (ऐतिहासिक उपन्यास), हिंदी साहित्य का काव्यात्मक इतिहास (हिंदी साहित्य–काव्य), वीणा–वाणी (स्तुति–संग्रह), मेघदूत–एक भावानुवाद (खंड–काव्य), घटनाएँ कुछ कहती हैं (स्वघटा) (अभिव्यक्ति), गैया मैया (काव्य), ललिताभ निबंध (गद्य–निबंध), ज्ञानशिरोमणी विद्योत्तमा (खण्ड–काव्य), शस्य श्यामला भारत माँ (देश–गीत), धरती पर नन्हा संसार (बाल–गीत) एवं कुछ प्रकाशनाधीन तथा इसके अतिरिक्त अनेक शैक्षिक नारी–विमर्श पत्रिकाओं का प्रबंधन–संपादन तथा अनेक सम–सामयिक पत्र–पत्रिकाओं में लेख–विचार प्रकाशित, अनेक फशोधपरक आलेखः देश–विदेश के मंचों पर पाठ ।

संस्थापन :

(क) महिला सहयोग समिति, डिबाई (एन.जी.ओ. सन् 1975) ।

(ख) रजनी शिक्षा प्रसार समिति, डिबाई के 'संस्थापक प्रबंधक' ।

(ग) रजनी पब्लिक सी.सै. स्कूल, डिबाई (सन् 1982–सी.बी.एस.ई.) ।

(घ) राष्ट्रीय मुक्त विद्यालयी शिक्षा संस्थान, डिबाई (सन् 2005–मा. संसाधन मंत्रालय, भारत सरकार) ।

(ण) रजनी पब्लिक जूनियर स्कूल, चौंड़ेरा (सन् 2004, दौलतपुर 2013 व कुसा रोड 2014) ।

(च) आर.जे. इंस्टीट्यूट ऑफ हायर एजुकेशन, चौंड़ेरा (सन् 2009) ।

(छ) कादंबिनी क्लब, डिबाई (सन् 2005)

सदस्य :

आथर्स गिल्ड ऑफ इण्डिया, संस्कार–सारथी, संस्कारम् अखिल भारतीय भाषा साहित्य सम्मेलन तथा अन्य संस्थानों में पदाधिकारी एवं 'विकास रत्न'–राष्ट्रीय भारत विकास परिषद् ।

1. राष्ट्रीय जनहित कार्यकलापों में सक्रिय भागीदारी ।
2. सिलाई–कढ़ाई–प्रौढ़ शिक्षा से महिला व लड़कियों को प्रशिक्षण लाभ पिछले 35 वर्षों से ।
3. राष्ट्रीय महिला परामर्श केंद्र द्वारा महिलाओं व लड़कियों की विभिन्न समस्याओं का निराकरण तथा सहायतार्थ 'दहेज रहित विवाह' कराना तथा अन्य कुरुतियों से छुटकारा दिलाना ।
4. परिवार, समाज और देश के नागरिक होने के कर्तव्य समय–समय पर प्राथमिकता से संपन्न करना परम धर्म समझा है ।
5. राष्ट्रीय योजनाएँ जैसे जनसंख्या नियंत्रण हेतु कराए जाते रहे लेप्रोस्कोपिक कैंपों में सहायता तथा भागीदारी ।
6. मैला ढोने की प्रथा समाप्त करने हेतु महिलाओं को कढ़ाई, सिलाई ट्रेनिंग दिलाकर पुनर्वास योजना का लाभ पहुँचाया ।
7. परिवार कल्याण कैंपों तथा 'मुफ़्त नैत्र शिविर' तथा 'हृदय रोग शिविर' द्वारा स्वास्थ्य लाभ पहुँचाने के कार्य ।
8. कुष्ट सेवाश्रम रिहेविलिटेशन सेंटर पर जाकर दवाइयाँ, भोजन, कपड़े वितरित करना ।
9. अकस्मात् आई प्राकृतिक विपदाओं से पीड़ित व्यक्तियों की सहायतार्थ धन, भोजन तथा कपड़ा पहुँचाना ।
10. राज्य सरकार की निराश्रित महिलाओं को पुनर्वास योजना हेतु स्वाभिमान बनाने हेतु सिलाई, कढ़ाई, पढ़ाई आदि के लिए केंद्र चलाना ।
11. साहित्य गोष्ठियाँ, कवि सम्मेलन, भाषण प्रतियोगिता तथा सर्वधर्म सहिष्णुता जैसे कार्यक्रमों से समाज में सौहार्द्र तथा जागरुकता पैदा करने के प्रयास ।
12. महिलाओं को उनके पतियों तथा परिवारों के द्वारा उत्पीड़ित किए जाने को रोकने के लिए व ऐसे मामलों को निपटाने के लिए अनेक उपाय तथा सार्थक सफलता ।
13. दहेज रहित विवाह कराना तथा 'दहेज' को निरुत्साहित करना ।
14. 'लोक अदालत' तथा 'जिला समग्र शिक्षा' अभियानों में पूर्ण निष्ठा से कानूनी निवारण तथा सफलता ।
15. स्वास्थ्य और स्वच्छ वातावरण की भावना से प्रेरित हो महिला पेशावघर बनवाया तथा सफाई अभियान निरंतर चलायमान ।

राष्ट्रीय सम्मान–पुरस्कार

क्र. सं.	संस्था	पुरस्कार	वर्ष / तिथि
1.	आगरा मण्डल क्रीड़ा समारोह	प्रशस्ति–पत्र	1956–59
2.	हिंदी साहित्य परिषद, डिबाई द्वारा	सम्मान पत्र	18 नवंबर 1984
3.	गॉडप्रेफ फिलिप्स इंडिया लि.	रैड एण्ड व्हाईट बहादुरी सम्मान	1998–99
4.	अखिल भारतीय साहित्य कला संगम, दिल्ली	काव्य–कोकिला	10 फरवरी 2002
5.	आगत–क्षितिज, दिल्ली	डॉ. राधाकृष्णन सम्मान	4 सितंबर 2004
6.	व्हील एवं अमर उजाला	व्हील एवं अमर उजाला प्रतिभा सम्मान	5 जुलाई 2005
7.	पं रामप्रसाद बिस्मिल फाउंडेशन, नई दिल्ली	इंदिरा प्रियदर्शनी सम्मान	14 नंम्बर 2005
8.	पं. रामप्रसाद बिस्मिल फाउंडेशन, नई दिल्ली	वीरांगना लक्ष्मीबाई स्मृति सम्मान	20 जून 2006
9.	अखिल भारतीय भाषा साहित्य सम्मेलन, नई दिल्ली	चतुर्थ दशाब्दी सम्मान	17 दिसंबर 2006
10.	भारत विकास परिषद एजूकेशन, डिबाई	शिक्षा श्री सम्मान	2006
11.	द होम लैटर्स इंडिया, भुवनेश्वर	किएटिव जॉईंट 2007 सम्मान	2007
12.	अखिल भारतीय भाषा सहित्य सम्मेलन, भोपाल	श्रीमती सुमन चतुर्वेदी स्मृति राष्ट्रीय पुरस्कार	15 जुलाई 2007
13.	अखिल भारतीय भाषा साहित्य सम्मेलन, भोपाल	साहित्य श्री सम्मान	16 जुलाई 2007
14.	अखिल भारतीय भाषा साहित्य सम्मेलन, भोपाल	साहित्य श्री सम्मान	21–22 जून 2008
15.	साहित्य सरोवर, सिरुगुप्पा (कर्नाटक)	साहित्य कला रत्न सम्मान	10 अप्रैल 2008
16.	अक्ष नई दिल्ली	साहित्य शिरोमणि पं. दामोदर दास चतुर्वेदी स्मृति सम्मान	11 अगस्त 2008
17.	सर्वभाषा संस्कृति समन्वय समिति, साहिबाबाद	डॉ. रामगोपाल चतुर्वेदी सम्मान	25 जनवरी 2009
18.	पं. त्रिलोकचंद शास्त्री शिक्षक द्वारा	पं त्रिलोकचंद शास्त्री शिक्षक सम्मान	5 सितंबर 2009
19.	जर्जर कश्ती अलीगढ़	विजय श्री साहित्य प्रोत्साहन पुरस्कार	14 सितंबर 2009
20.	भारतीय वाघ्मय पीठ, कोलकाता	भारत गौरव सारस्वत सम्मान	2014
21.	ब्रजलोक साहित्यकला संस्कृति अकादमी, आगरा	भक्ति प्रेरणा	2015
22.	साहित्य संगम, उदयपुर	काव्य कुमुदिनी सम्मान	5 अप्रैल 2010

	द्वारा	राष्ट्रीय प्रतिभा स.	
23.	म.प्र. पत्र लेखक मंच, बैतूल द्वारा	काव्य मणि सम्मान	9 मई 2011
24.	म.प्र. पत्र लेखक मंच, बैतूल द्वारा	साहित्य सरिता सम्मान	10 मई 2011
25.	म.प्र. पत्र लेखक मंच, बैतूल द्वारा	काव्य सरिता सम्मान	26 जनवरी 2012
26.	साइंटिफिक एण्ड एप्लाईड रिसर्च	आउटस्टेंडिंग एचीवमेण्ट इन साईंस एण्ड टेक्नोलॉजी एवार्ड 2010	11–12 सितंबर 2010
27.	संस्कार सारथी, दिल्ली/ साहित्य क्रांति युवा	अक्षर शिल्पी	2013
28.	हिन्दी साहित्य गंगा संस्था, जलगाँव द्वारा	गंगा गौरव पुरस्कार	23–24 अक्टूबर 2010
29.	हिन्दी साहित्य गंगा संस्था, जलगाँव द्वारा	गंगा गौमुखी साहित्य	12, 13, 14 फरवरी 2012
30.	भारत विकास परिषद मुख्य शाखा फिरोजाबाद	उत्कृष्ट महिला सम्मान	2011
31.	साहित्य प्रोत्साहन लखनऊ	सुभद्रा कुमारी चौहान स्मृति सम्मान	17 सितंबर 2011
32.	रत्ना सागर पब्लिशर्स	सर्टीफिकेट ऑफ सक्सेज	सन् 2012
33.	संस्कार सारथी, दिल्ली	संस्कार सारथी सम्मान	2012
34.	संस्कार सारथी, दिल्ली	अक्षर शिल्पी सम्मान	2013
35.	संस्कार सारथी, दिल्ली	संस्कार सारथी सम्मान	2014
36.	भारतीय संस्कृति संस्थान, दिल्ली	साहित्य सम्मान शील्ड	16–23 फरवरी 2012
37.	केरल हिंदी साहित्य अकादमी, तिरुवनंतपुरम्	देवी श्री मूकांविका पुरस्कार	26 जुलाई 2012
38.	ब्रजलोक साहित्य–कला संस्कृति अकादमी, फतेहाबाद, आगरा	ब्रजरानी–राधा रानी	22 जुलाई 2013
39.	राष्ट्रीय साहित्य कला और संस्कृति परिषद्, हल्दीघाटी द्वारा	साहित्य रत्न राष्ट्रीय सम्मान	14 सितंबर 2013
40.	गुगनराम एजूकेशनल एण्ड स्पेशल वैलपेफयर सोसायटी बोहल द्वारा	श्रीमती रज्जोदवी नंदा राम सिहाग स्मृति साहित्य सम्मान	29 सितंबर 2013
41.	भारत विकास परिषद्	'विकास रत्न' सम्मान	2013
42.	विक्रमशिला हिन्दी विद्यापीठ, गांधी नगर द्वारा	साहित्य शिरोमणि सम्मान	14 दिसंबर 2013
43.	आधारशिला विश्व हिंदी मिशन अंतर्राष्ट्रीय हिंदी सम्मेलन नीदरलैंड	हिंदी गौरव सम्मान	25 जून 2014
44.	महात्मा पूफले टेलेंट रिसर्च अकादमी, नागपुर	डॉ. अमृता प्रीतम लिटरेरी नेशनल अवार्ड	7 सितंबर 2014
45.	उत्तर प्रदेश सरकार द्वारा	महिला शिक्षा सुरक्षा सम्मान	15 अगस्त 2015

46.	'हिंदुस्तान' के सौजन्य से भाईचारा कमेटी तथा पुलिस	अपराध नियंत्रण–सुरक्षा	2015
47.	आसाम मुख्यमंत्री तथा स्पीकर द्वारा	सम्मान	2015
48.	मौनतीर्थ सेवार्थ फाउण्डेशन, उज्जैन द्वारा	विदूषी विद्योत्तमा स्त्री शक्ति सम्मान	14 दिसम्बर 2017

प्रतीक चिह्न : प्रदत्त

• रैड एण्ड व्हाईट गोदरे फिलिप्स	1998–99
• अग्रवाल सभा, डिबाई द्वारा	सन् 2002–2004–2008
• व्हील एवं अमर उजाला प्रतिभा समारोह द्वारा	5 जुलाई 2005
• अखिल भारतीय भाषा साहित्य सम्मेलन, भोपाल द्वारा	16 दिसंबर 2005–2006
• डिगंबर पो. ग्रे. कॉलिज, डिबाई	1996–97
• पं. रामप्रसाद बिस्मिल फाउंडेशन, नई दिल्ली द्वारा	20 जून 2005
• कुबेर इण्टर कॉलिज, डिबाई द्वारा	2006–2007
• सर्व भाषा संस्कृति समन्वय समिति, साहिबाबाद द्वारा	2009
• श्री ऋषि–सेवाश्रम, सासनी, अलीगढ़	सं. 2065
• कादंबिनी क्लब एवं भारत विकास परिषद् एजूकेशन फाउंडेशन, डिबाई द्वारा	14 मार्च 2009
• अखिल भारतीय साहित्य संगम, उदयपुर	2014
• जर्जर कश्ती अलीगढ़ द्वारा	2009–2010–2012
• भारत विकास परिषद्, दिल्ली–'विकास रत्न'	2012
• साइंटिफिक एण्ड एप्लाईड रिसर्च सेंटर, मेरठ	सन् 2010
• दैनिक जागरण, मेरठ द्वारा	प्रेरणादायक योगदान के लिए विकास रत्न 2011
• पर्यावरण जागरूकता अभियान ए.एम.यू.	14 अप्रैल 2003
• भारतीय संस्कृति संस्थान, दिल्ली द्वारा	15 जनवरी 2011
• अखिल भारतीय भाषा सम्मेलन, बंगलौर	सन् 2007
• भारत विकास परिषद् मुख्य शाखा फिरोजाबाद द्वारा	सन् 2011
विक्रम शिला विद्यापीठ, उज्जैन	सन् 2013
• राष्ट्रीय सहारा समाचार पत्र द्वारा	समाज सेवा के लिए समर्पित जीवन 2000
• डिगम्बर पोस्ट–ग्रेजुएट कॉलिज, डिबाई	2013
• गंगा पब्लिक स्कूल, डिबाई द्वारा	28 अप्रैल 2012 एवं 7 जुलाई 2013
• श्री शंकर देव आदर्श इंटर कॉलिज जावल, बुलंदशहर	21.10.2014
• संस्कार सारथी, दिल्ली द्वारा	9 सितंबर 2012, 12 मार्च 2013, 22 सितंबर 2013 एवं 30 मार्च 2014
• भारत विकास परिषद् सुंदरम् शाखा	सन् 2014
• राष्ट्रीय साहित्य कला और संस्कृति परिषद् हल्दीघाटी द्वारा	14 सितंबर 2013
• विक्रम शिला हिंदी विद्यापीठ, गांधी नगर द्वारा	14 दिसंबर 2013
• सेंट फिडलीस सीनियर सैकेंडरी स्कूल, अलीगढ़	सन् 2015
• ब्रिलियेंट पब्लिक सी. सैकेंडरी स्कूल, अलीगढ़	सन् 2015
• श्री रामलीला महोत्सव कमेटी, डिबाई	सन् 2014

- महात्मा पूफले टेलेंट रिसर्च अकादमी, नागपुर 7 सितंबर 2014

अंतर्राष्ट्रीय–सम्मान

1.	अंतर्राष्ट्रीय राजभाषा प्रेरणा सम्मान	इजिप्ट
2.	अंतर्राष्ट्रीय हिंदी सम्मेलन 'साहित्य सम्मान'	आस्ट्रेलिया–2012
3.	अंतर्राष्ट्रीय महिला सम्मान	इटली
4.	अंतर्राष्ट्रीय सम्मान	साउथ अप्रिफका
5.	'हिन्दी भूषण सम्मान' अंतर्राष्ट्रीय विश्व हिंदी मिशन भारत और गीतांजलि बहुभाषीय साहित्य समुदाय	लंदन (यूके)
6.	'आधारशिला हिंदी गौरव सम्मान'	नीदरलैंड (हॉलैंड)
7.	'अंतर्राष्ट्रीय हिन्दी भूषण सम्मान' (माननीय प्रधानमंत्री श्री प्रवीण जगन्नाथ जी के कर–कमलों द्वारा)	मॉरीशस

विदेश भ्रमण : हिंदी राजभाषा के प्रचार–प्रसार हेतु

अमेरिका, इटली, जापान, नेपाल, जर्मनी, हवाई, इजिप्ट, साउथ अफ्रीका, नीदरलैण्ड, बेलजियम, स्विट्जरलैण्ड, अफ्रीका, दुबई, आस्ट्रेलिया, फ्रांस (पेरिस), मॉरीशस आदि ।

प्रसारण :

दूरदर्शन, आकाशवाणी, हिंट तथा साधना चैनल से ।

पता :

रजनी विला, रेलवे रोड, डिबाई–203393, उ.प्र. (भारत) ।

दूरभाष :

09412653980, 05734–265101, 264201

वेबसाइट :

www.rajnishiksha.com

ई–मेल :

rajnisingh2009@yahoo.com

www.ingramcontent.com/pod-product-compliance
Lightning Source LLC
Chambersburg PA
CBHW081110080526
44587CB00021B/3528
9781897416983